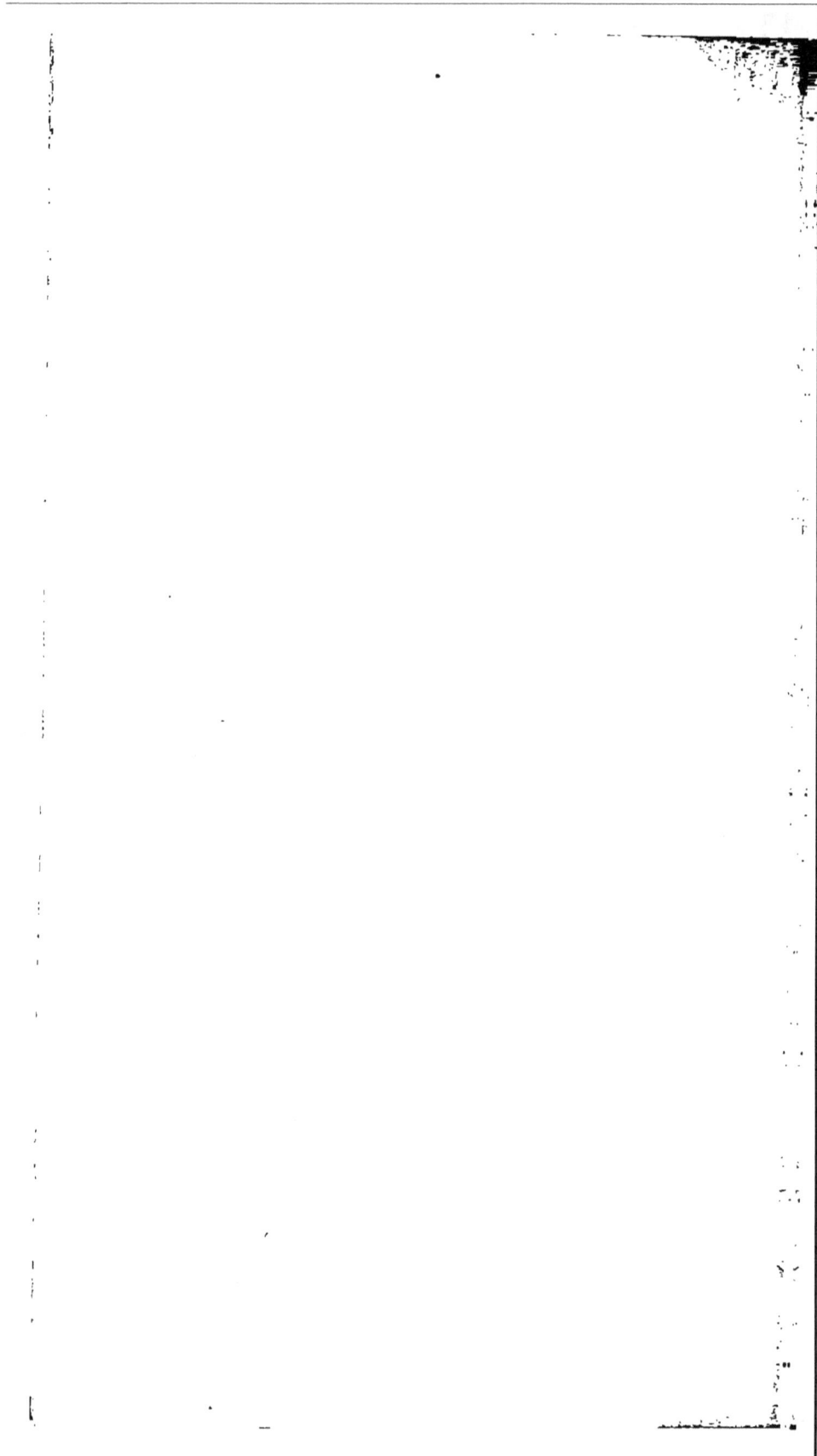

LE

FAUX HÉRITIER

DE

LA COURONNE DE FRANCE.

Arrivez-donc ? tout est terminé

Souvenirs de 1830.

LE FAUX
HÉRITIER

DE

LA COURONNE DE FRANCE,

Preuves authentiques

de l'illégitimité du Duc de Bordeaux,

AVEC LA PROTESTATION

Faite, le lendemain de sa naissance, par Louis-Philippe d'Orléans, aujourd'hui Roi des Français.

suivies

D'une relation détaillée des Événemens qui ont marqué les journées mémorables de la Révolution de 1830.

Dédié à l'héroïque population parisienne, et aux braves Gardes nationales de France.

PRIX : 1 F. 50 C.

PARIS,

A. DESHAYES, LIBRAIRE,

Place Saint-Germain-l'Auxerrois, n° 1.

HEUGUET AÎNÉ, RUE DU CARROUSEL, N. 4.

1830.

LE

FAUX HÉRITIER

DE

La Couronne de France.

~~~~~~

UN MOT.

QUE Charles X ait abdiqué en faveur du
duc d'Angoulême, que le duc d'Angoulême
ait abdiqué en faveur du duc de Bordeaux,
que ce duc de Bordeaux soit bâtard ou
légitime, peu nous importe aujourd'hui !

Nos questions d'ordre social sont placées dans une sphère plus haute que ces
misères. La couronne du stupide et cruel
Charles X a glissé de sa tête, elle a glissé
dans la boue, dans le sang de sept mille
Français. Le peuple souverain l'a ramassée

1

En France, on n'a pas fait tant de fa-
çons; ce n'est qu'après avoir bien préparé
tout pour le spectacle, qu'on a appelé le
public à la représentation.

Mais, dira-t-on, il y a dix ans que la
farce a été jouée, et pendant ces dix ans pas
une voix ne s'est élevée pour dénoncer ce
tour de passe-passe. En vérité, répondrons-
nous, il eût été bien facile de le faire avec
la liberté de la presse dont nous jouissions,
avec des tribunaux comme ceux de nos
provinces, avec une chambre des pairs
toute viciée par les créatures de Villèle!
Rappelez-vous donc *l'Épingle noire* et *le
Nain tricolore*. Voyez monter à l'échafaud
les braves jeunes gens de la Rochelle, con-
templez Magalon attelé à un forçat lé-
preux, et Fontan expiant à Poissy sa
plaisanterie du *mouton enragé*.

Attaquer la Charte, c'était chose facile,
c'était même le plus souvent œuvre mé-

ritoire; mais attaquer la légitimité et le droit divin, *bone Deus!* il n'y avait là que la potence en perspective, et tout le monde ne se sent pas de force à l'affronter. On se bat courageusement sur la place de Grève, mais on n'aime pas à y finir sous le coutelas de Sansom.

La seule voix qui pouvait s'élever contre cette fraude royale, se fit entendre, et cela, le lendemain même du jour où la fraude fut commise. Un personnage auguste, celui qui, parmi tous les Français, croyait avoir alors l'intérêt le plus puissant comme citoyen, le plus direct comme prince, à ce qu'elle ne demeurât pas, un jour, impunie, le duc d'Orléans protesta hautement contre la prétendue naissance d'un fils de la duchesse de Berry. L'enfant avait été montré au peuple le 29 septembre 1820. La protestation, faite authentiquement le lendemain 30, paraissait cinq jours après, im-

1 *

primée officiellement dans tous les journaux anglais. Le duc d'Orléans n'a jamais
désavoué cette pièce ; donc elle est bien de
lui ; car c'est dans ces circonstances , ou
jamais, que le proverbe *qui ne dit mot consent* conserve toute son application et rend
palpable toute sa justesse. Cet acte de noble courage, de patriotique loyauté , reçoit
aujourd'hui sa récompense : Philippe Ier
est roi des Français.

Le jésuite Charles X , tout couvert du
sang de son peuple, s'éloigne d'une terre
qui ne le supportait qu'avec horreur. Le duc
de Buckingham met, dit-on, à sa disposition
le château d'Hartwell, qui a servi déjà de résidence à Louis XVIII. C'est un ancien do-
maine de la famille de Hampden. Le por-
trait du célèbre patriote y est conservé dans
la chambre même qui servait de cabinet
d'étude à Louis XVIII, et on lit au-dessous
cette inscription écrasante pour un tyran

déchu : *vindex libertatis*, le vengeur de la liberté.

Avec Charles X s'éloigne cette jeune princesse qui, quoique souvent légère et inconsidérée, sut pourtant, seule de sa famille, se concilier quelque part de l'affection du peuple. Populaire autant qu'on pouvait l'être près d'un roi bigot et entiché d'aristocratiques idées, elle se mêlait aux représentations à bénéfice, et daignait sourire aux Parisiens. Nous n'avons pas oublié cela ; et si jusqu'à présent nous avons tardé à mettre au jour l'iniquité de la naissance du prétendu duc de Bordeaux, c'est par un reste de commisération pour une grande infortune que nous respectons encore, toute méritée qu'elle est. Nous avons voulu attendre le départ de la princesse pour publier sa honte ; oui, sa honte ; car il n'y a que la honte à recueillir dans une machination liberticide où l'on consent

à jouer le principal rôle. Une pareille
fraude est regardée comme un crime dans
la classe ordinaire, où pourtant ses consé-
quences ne frappent qu'une famille et ne
touchent qu'à des intérêts tout particuliers.
Ne sera-ce qu'une faiblesse à la cour, lorsque, sous le pouvoir d'une stupide légitimité, elle attente aux intérêts généraux,
blesse toutes les idées de morale, et peut
lancer au trône le rejeton obscur de quelques-unes de ces races effrénées chez lesquelles le crime est un héritage et la vertu
un objet d'horreur?

Nous avons beaucoup à dire sur le faux
héritier de Charles X; nous dirons tout sans
passion, sans haine, sans la moindre arrière-
pensée. Une conscience pure nous guidera
dans ce travail pénible. Puisse la voix d'un
patriote convertir les cœurs méchans et
éclairer les esprits faibles!

CHAPITRE PREMIER.

Les Bourbons. — La Charte *octroyée*, et non acceptée. — Haine pour la liberté. — Emigrés, procureurs du Roi, jésuites et missionnaires.— Couleurs nationales proscrites. — Ney et Labédoyère fusillés. — Retour de l'île d'Elbe. — Mort du duc de Berri.—Le docteur Dupuytren. — La comtesse de Béthisy. — Prétendue grossesse. — Doutes et conjectures.

APRÈS avoir combattu plus de vingt ans, et visité en triomphateurs toutes les capitales de l'Europe, les Français, fatigués plutôt que vaincus, s'étaient vu refoulés en deçà du Rhin par l'Europe coalisée. Rentrés dans leurs limites naturelles, mais ayant toujours à leur tête le plus grand capitaine du siècle, ils luttèrent long-temps contre des forces immenses, se multiplièrent comme par enchantement, disputèrent le terrain pied à pied, et arrosèrent chaque sillon des Vosges, de la Champagne et des Ardennes, du sang des Prussiens, des Russes, des Autrichiens ou des Bavarois. Rien n'était perdu si Paris avait tenu quelques jours; mais Paris ne tint pas : après avoir fait décimer son héroïque population sur les buttes Montmartre, Marmont, le traître Marmont, ouvrit aux Cosaques les portes de la capitale

Les Bourbons, dont nos fils ignoraient jusqu'à l'existence; les Bourbons, avec lesquels nous avions énergiquement rompu tout lien, et que nous croyons avoir rejetés *à tout jamais* loin du sol de la patrie, reparurent sur tous les points de la France avec leur cortége ordinaire de moines et d'émigrés, et ils furent imposés aux citoyens immobiles par des millions de baïonnettes étrangères.

Cette misérable famille, à laquelle vingt années d'exil n'avaient pu rien apprendre, ni rien faire oublier, manifesta, dès son arrivée, qu'elle rentrait parmi nous avec des principes qui n'étaient plus de notre temps, avec des maximes de droit divin dont la raison moderne avait fait justice, avec des traditions d'absolutisme qui n'étaient plus pour la génération actuelle que des souvenirs historiques, avec des idées enfin dont l'application devenait impossible chez une nation qui avait été libre et qui voulait l'être encore.

Le 6 avril 1814 le sénat rédigea un projet de constitution par lequel le peuple français appelait *librement* au trône Louis-Stanislas-Xavier de France, frère du dernier roi, et après lui les autres membres de la maison de Bourbon Il fut dit dans le der-

nier article : « La présente constitution
« sera soumise à l'accceptation du peuple
« français dans la forme qui sera réglée.
« Louis Stanislas Xavier sera proclamé *roi*
« *des Français* aussitôt qu'il l'aura jurée
« et signée. » Mais il n'en fut point ainsi :
le nouveau roi, environné de forces étrangères, ne voulut rien devoir à la nation,
et tout à ses aïeux ; il rejeta la constitution
proposée, et publia la déclaration de Saint-
Ouen, qui, tout en garantissant quelques
intérêts populaires, méconnaissait le principe que le sénat et la nation voulaient
faire dominer.

La charte fut promulguée le 4 juin suivant ; son préambule dissipait toute équivo-
que ; l'autorité résidait entière dans la
personne du roi ; la nation, née pour l'esclavage, ne devait une ombre de liberté
qu'aux concessions volontaires de Louis-le-
Gros, de Saint-Louis, de Philippe-le-Bel,

de Louis XI, d'Henri II, de Charles IX et de Louis XIV; la servitude était considérée comme un droit naturel, et la liberté comme une exception généreuse; enfin la Charte n'était point imposée au roi, mais *octroyée* par lui. Que de jactance et de hauteur dans ce vieux mot!

Louis XVIII pourtant avait étudié dans sa retraite la constitution anglaise; il connaissait jusqu'à un certain point les besoins des temps et des peuples; aussi sa constitution, bien qu'elle méconnût le principe sacré de la souveraineté populaire, fut-elle accueillie avec reconnaissance, et on se persuada qu'elle lierait d'autant plus le roi, qu'elle semblait être une émanation libre de sa volonté.

Cette espérance ne se réalisa pas. La cour, composée d'hommes vieillis chez les ennemis de la France ou dans les antichambres de Napoléon, essaya bientôt d'abaisser le peuple jusqu'à elle, ne pouvant s'élever jusqu'à lui. Le roi avait promis de respecter ses droits, et il s'entourait d'hommes ardens à les détruire; il parlait de tolérance, et il encourageait le fanatisme; il proclamait l'égalité, et il créait des priviléges. La gloire de nos armes fut répudiée, les couleurs nationales proscrites, Ney, Labédoyère et une foule de braves mis à mort. Les parquets de nos tribunaux se peuplèrent de Bourboniens terroristes; tous les écrivains généreux furent plongés dans des cachots avec le rebut de la société; les jésuites à robes longues et courtes se glissèrent dans nos villes; les missionnaires se répandirent dans nos campagnes; on attaqua sourdement l'esprit des habitans, et l'on tressa maille à maille ce vaste réseau qui devait envelopper la France.

L'inquiétude devenait générale, la vengeance s'organisait. Napoléon, retiré à l'île d'Elbe, apprit les dispositions des masses, et résolut de tirer parti de son ascendant sur l'armée : le 20 mars 1815 arriva. Rentré à Paris le 8 juillet de la même année, Louis XVIII reconnut que son gouvernement avait fait des fautes, et promit de les réparer : il ne tint parole qu'à moitié. Le mécontentement grossissait de jour en jour, lorsque le 13 février 1820, dimanche gras, avant onze heures du soir, à la sortie de l'Opéra, rue de Richelieu, le duc de Berry fut frappé d'un coup de poignard par Louvel, ouvrier employé aux écuries du roi.

Plusieurs choses sont à remarquer dans la déposition de M. le docteur Dupuytren, appellé à donner ses soins au prince.

D'abord l'insistance du duc de Berri à voir le roi, à lui parler. *Pendant sa longue agonie, il le demande plus de cent fois. Lorsque la gravité toujours crois-*

sante des accidens de sa blessure lui eût fait craindre de ne pas vivre assez long-temps pour le voir, on l'entendit s'écrier douloureusement : AH ! LE ROI N'ARRIVERA PAS !

Cet ardent désir de voir le roi avait-il seulement pour but, comme on l'a prétendu, la grâce du meurtrier, ou plutôt n'exprimait-il pas le soin toujours vivant chez les princes, même à l'heure de la mort, de propager cette légitimité qu'ils considèrent comme leur sauve-garde, soin qui devait surtout occuper le duc de Berri, si, comme on a tout lieu de le croire, la duchesse n'était pas enceinte?

Laissons poursuivre M. Dupuytren.

« Annonçant toujours, avec une pres-
« cience certaine, la profondeur et le dan-
« ger de sa blessure, le duc de Berri, qui
« sentait sa fin approcher, voulut confier
« un secret à son frère. Le duc d'Angou-

« lême s'inclina pour le recevoir; mais
« telle était la confiance habituelle du
« prince, qu'il eut quelque peine à laisser
« éloigner la personne dont il tenait la
« main. »

Quel était ce secret? le docteur n'en dit
rien. Il ne nomme pas même la personne
dont le prince a lâché la main, et qui,
moins discrète que lui, aurait peut-être
entendu quelques mots en s'éloignant.
N'aurait-il pas été question, entre les deux
frères, de la légitimité en péril, et des
moyens de propager au plus vite le bruit
d'une grossesse?

« Le prince, continue M. Dupuytren,
« conjura la duchesse de songer à elle; et,
« comme sa prière restait sans succès, il
« ajouta bientôt après : *Songez du moins,*
« *ma chère Caroline, à l'enfant que*
« *vous portez dans votre sein; conser-*
« *vez-vous pour lui.* Ainsi fut révélée

« pour la première fois, au milieu du
« deuil qui se préparait, l'existence de cet
« enfant sur qui se fondent tant d'espé-
« rances. »

La princesse était donc enceinte ; elle
portait dans son sein l'unique rejeton es-
péré de la famille régnante, et personne
n'en était instruit dans cette famille ; et
c'est l'approche de sa mort que le prince
choisit précisément pour en faire la révélation publique. En vérité, il faut avouer
que voilà un silence bien extraordinaire
dans d'aussi graves circonstances!

Mme la comtesse Charles de Béthisy,
dame pour accompagner la duchesse, et
femme du furibond qui, par ses diatribes,
provoqua, dans la Chambre introuvable,
l'exil des conventionnels, paraît, au reste,
ne pas être du même avis que le docteur sur
l'époque de la première révélation. « J'en-
« tends, dit-elle dans sa déposition, mon-

« seigneur s'écrier : *Je suis mort! je suis*
« *assassiné!* A ce cri, S. A. R. Madame
« veut se précipiter hors de la voiture ; je
« la retiens dans mes bras en lui disant :
« *Madame, songez à votre état.* Je sa-
« vais sa grossesse. »

Eh bien! puisque vous la saviez, Mme la
comtesse, pourquoi n'en disiez-vous rien
avant l'événement? Quel silence chez une
femme! et comment la parole vous est-elle
revenue immédiatement après? Il y a vrai-
ment dans toutes ces dépositions quelque
chose de louche, qui frappe l'esprit et porte
à de sérieuses réflexions.

On lit dans une relation récemment publiée (1) :

« Le matin même de la catastrophe du
duc de Berri, la duchesse fut atteinte de
coliques, et, sur les midi, *elle en fut sou-*

_____

(1) Précis historique sur la naissance du duc
de Bordeaux.

lagée par la présence de ses menstrues,
qui vinrent en abondance. Le soir, son
noble époux lui proposa de la conduire à
l'Opéra : elle accepta. Mais les indisposi-
tions auxquelles sont si sujettes les femmes
dans ce moment se manifestèrent de nouveau chez la princesse ; elle en fit confi-
dence à son mari, qui l'engagea à rentrer
au château avant la fin du spectacle : elle
y consentit. Il la reconduisit donc jusqu'à
sa voiture, et c'est dans ce moment qu'il
reçut le coup qui lui donna la mort.

« A trois heures du matin, le prince ex-
pira. On sait qu'il était entouré d'un grand
nombre de spectateurs, et tous pourront
attester avoir entendu la princesse pro-
férer, dans le plus afreux désespoir, ces
paroles bien dignes de remarque : « Eh!
« je ne pourrai lui donner un héritier! »
Louis XVIII, trop fin pour ne pas sentir
toute la conséquence de ce discours, prit la

princesse à l'écart, et, tout en essayant de calmer sa douleur, l'engagea à ne pas répéter ce qu'elle venait de dire. Une heure après, elle était à Saint-Cloud. »

Et ensuite, qui nous peindra sans déguisement et sans arrière-pensée tout ce qui s'est passé durant l'agonie du prince? Nous adresserons-nous aux gentilshommes de sa maison, comblés de ses bienfaits et de ceux de sa veuve? aux médecins attachés alors à la maison royale, où récompensés depuis? aux militaires et aux valets-de-pied qui ont eu des gratifications et de l'avancement, chacun dans sa carrière? ou enfin, au garçon limonadier Paulmier, dont tout Paris a connu, dans la rue Saint-Honoré, le café qu'il tenait de la reconnaissance de la princesse? Non, non, un voile épais nous dérobe, à nous public, les événemens de cette nuit si douloureuse pour les Bourbons. On nous dit peut-être une partie de la vérité,

mais, à coup sûr, on ne nous dit pas la vérité tout entière. Un coin du rideau nous
cache le secret de cette subite grossesse,
grossesse miraculeuse s'il en fut jamais,
d'abord pour s'être révélée si inopinément,
et puis pour avoir conduit à bon port, dans
un pays où la loi salique est seule en vigueur,
un enfant mâle, quand il y avait certainement tout autant de probabilité que ce serait une fille.

Mais allons plus loin si vous voulez;
admettons la grossesse. Quoi! cette princesse, qui a fait plus d'une fausse couche
pour avoir monté seulement à cheval, voit
assassiner son époux sous ses yeux, assiste
à sa longue et déchirante agonie, et elle
n'avorte pas! elle qui est si chétive, si dé-
licate, si faible, quand la femme d'un ouvrier, habituée à de durs travaux, éprouve
mainte fois un accident à la suite de com-
motions bien moins fortes. Oh! tout cela

n'est pas naturel. De deux choses l'une : ou la princesse n'était pas enceinte , ou elle l'était. Dans le second cas, il est matériellement impossible qu'il n'y ait pas eu fausse couche. Dans l'un et dans l'autre, nous avons été certainement les dupes d'un tour de passe-passe.

~~~~~~

CHAPITRE II.

Premier interrogatoire de Louvel. — Sa vie, son
   éducation, ses lectures, sa haine pour les Bourbons, son horreur pour leur tyrannie. — Son
   amère douleur en voyant disparaître les couleurs
   nationales. — Son voyage à l'île d'Elbe. —
   Son départ de Chambéry à la nouvelle du débarquement de Napoléon. — Marche et détails
   du complot.—Projets de Louvel s'il avait réussi
   à s'échapper. — Emploi de sa dernière journée
   expliquée par lui-même.

LOUVEL, saisi presque aussitôt après
avoir poignardé le prince, fut vivement
interpelé par M. le comte de Clermont-
Lodève, l'un de ses serviteurs : « Monstre!
« qui t'a poussé à commettre un pareil
« crime? lui demanda-t-il.—Les Bourbons
« sont les plus cruels ennemis de mon pays.

« — Mais encore, qui t'a payé ? — Per-
« sonne. » Interrogé par le commissaire
de police Ferté, il déclara s'appeler Louis-
Pierre Louvel, être natif de Versailles, âgé
de 36 ans, garçon sellier employé aux écuries du roi. Il reconnut à l'instant avoir
frappé le prince, et se vanta de méditer ce
projet depuis 1814, regardant les Bourbons comme les plus grands ennemis de la
France. Le gendarme Lavigne lui avait demandé auparavant dans quel but il portait
des armes meurtrières : « Pourquoi cette
« question, lui répondit Louvel? Il y a six
« ans que je médite ce projet ; j'ai réussi
« enfin : je savais, en faisant ce coup, ce
« qui m'était réservé. »

Dans son interrogatoire, il déclara que
son père, manquant de tout, l'avait mis à
la Pitié, et qu'il en était sorti en 1794,
après avoir appris à lire et à écrire les Droits
de l'Homme, la Constitution et la Marseil-

3

laise. Mis en apprentissage chez un sellier de Versailles, il logeait et mangeait chez sa sœur, qui était mercière. Cette sœur achetait des papiers à la livre pour son commerce : avant de les déchirer, Louvel les mettait en ordre et les lisait. Il employait son argent à acheter les livres des théophilanthropes, et, les décadis, il allait entendre leurs prêtres dans leurs temples. Du reste, il était doux, sobre, travailleur, économe, aimant ses sœurs, et obligeant sans intérêt. A l'âge de 16 ans, il vint exercer son industrie à Paris, et devint bientôt sombre, solitaire et concentré : cette habitude d'isolement fut dèslors celle de toute sa vie. Il achetait souvent trois ou quatre pains de quatre livres d'avance, et les laissait sécher dans sa chambre, parce que, disait-il, on mange moins de pain quand il est dur.

Louvel, qui avait plusieurs fois parcouru

la France, était à Metz quand on annonça l'arrivée des Bourbons. Il assure qu'à peine il vit le drapeau blanc remplacer les couleurs nationales, qu'il jura la mort du dernier des Bourbons, et que, quand il fut instruit de la conduite du maréchal duc de Valmy, la pensée lui vint de le tuer ; mais qu'il songea que c'était un simple particulier, et qu'il fallait porter ses coups plus haut. Sa société habituelle, à Metz, était celle du nommé Dumont, qui avait suivi Napoléon en Egypte ; et tous deux, à la nouvelle de sa déchéance, versèrent des larmes de douleur et de rage.

Plus tard, on retrouve Louvel à Calais. « Je n'y allais pas, a-t-il dit, pour tra- « vailler. Je savais que le roi y était débar- « qué : j'allais à Calais pour le tuer. » Après deux mois de séjour à Fontainebleau, il se décide à aller, dans l'île d'Elbe, vivre sous les yeux du héros qu'il regrette, et respi-

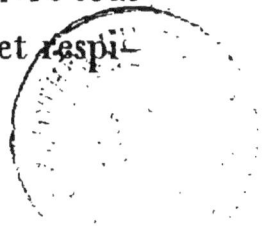

rer le même air que lui. Le sous-préfet de Toulon lui ayant refusé un passeport pour cette destination, il en prend un pour l'île de Corse, d'où il passe à Porto-Ferrajo : là, il est employé par Vincent, maître sellier de Napoléon. Des réformes ayant eu lieu, Louvel est congédié. Laissons - le parler maintenant lui-même :

« Depuis mon retour de l'île d'Elbe,
« a-t-il dit, comme auparavant, et depuis
« 1814, je n'ai cessé de rouler mon pro-
« jet d'exterminer les Bourbons. J'avais
« voulu l'exécuter à Calais, soit sur le roi,
« soit sur celui des princes que j'y aurais
« trouvé : venu de Calais à Fontainebleau,
« j'y avais porté la même volonté.

« Il est vrai que je n'y mis pas d'abord
« une grande activité : la commission était
« trop pénible pour prendre son parti sans
« hésiter. Toutefois, pendant que j'étais à
« Fontainebleau, Mgr le duc de Berry y

« recevant une fête que lui donnait la vieille
« Garde, l'idée me vint de réaliser mon
« projet. La satisfaction générale me fit
« faire des réflexions, et je me dis : Serait-
« ce donc moi qui aurais tort?

« J'allai à l'île d'Elbe, plutôt pour me
« distraire de mes projets que pour m'y
« confirmer; mais mes idées m'y poursui-
« virent. Je quittai l'île d'Elbe, où je ne
« me plaisais pas, et débarquai à Livourne,
« toujours préoccupé de mes projets, et
« me reprochant le temps que je perdais à
« faire mes courses à l'île d'Elbe et en Ita-
« lie. Je rentrai en France, et vins à Cham-
« béry; je m'y arrêtai trois mois.

« Au bout de ce temps, la nouvelle
« éclata de l'arrivée de Bonaparte à Gre-
« noble. Je voulais savoir ce qu'il en était :
« je laissai chez mes maîtres hardes, outils,
« et même l'argent qu'ils me devaient, et
« je me rendis à Grenoble, d'où je revins

3*

« à Lyon, puis à Paris, avec les équipages
« de Bonaparte.

« J'arrivai à Lyon quand MONSIEUR ve-
« nait d'en partir : s'il y eût été, je l'au-
« rais tué sans doute. On peut juger par
« ce que j'ai fait que je ne suis pas ami des
« Bourbons.

« Je vis bien, après le retour de Bona-
« parte, qu'il n'était plus question d'exé-
« cuter mes projets. Je les repris quand
« l'empereur fut embarqué. J'étais alors à
« La Rochelle : j'y achetai le poignard
« dont je me suis servi.

« Je revins à Versailles; j'y fus employé,
« et ensuite à Paris, aux écuries. Depuis
« lors, j'ai cherché sans relâche les occa-
« sions d'exécuter mon dessein, soit à Pa-
« ris, soit à Versailles, soit à Saint-Ger-
« main, soit à Saint-Cloud, soit à Fontai-
« nebleau. Je savais que je me perdais, je
« savais que ma tête devait tomber; mais

« les Bourbons me semblaient trop coupa-
« bles pour y renoncer. J'ai couru çà et là
« pour réussir.

« Je me rendis à Fontainebleau en 1816,
« pour le service des équipages, lors de
« l'arrivée de madame la duchesse de Berry
« en France. Je cherchais des occasions.
« J'allais aux chasses de Saint-Germain :
« j'y suis allé plus de cinquante fois,
« c'est-à-dire à toutes celles que je
« pouvais soupçonner. Je les suivais tou-
« jours à pied. J'y allais même de Paris,
« ainsi qu'aux chasses de Vincennes et de
« Meudon, sans le dire à ma sœur. Pour
« m'en ménager le temps, et faire concor-
« der mes devoirs avec mes courses, je for-
« çais mon travail, et j'allais au-devant des
« besoins du service.

« Je portais toujours un poignard sur moi
« quand je supposais que je pourrais ren-
« contrer un Bourbon, mais constamment

« avec la résolution de commencer par le
« duc de Berry, comme le plus jeune.

« Je commençais par le plus jeune, parce
« que c'était le plus sûr moyen d'éteindre
« la race ; parce que d'ailleurs je n'avais
« qu'une vie, et que je voulais qu'elle me
« fût payée cher.

« Après Mgr le duc de Berry, j'aurais
« tué le duc d'Angoulême, puis Mon-
« sieur, puis le roi : j'en voulais à tous les
« Bourbons. Après le roi, je me serais peut-
« être arrêté ; il est même possible que je
« me fusse arrêté après Monsieur, si je
« n'avais pas réussi à atteindre le roi. Les
« seuls coupables sont ceux, princes ou
« particuliers, qui ont porté les armes
« contre leur pays.

« Je ne suivais pas seulement les Bour-
« bons aux chasses depuis trois ans, pres-
« que tous les soirs je rôdais autour du
« spectacle auquel je supposais que le

« prince pourrait aller. Pour le savoir, je
« lisais les affiches, car je conjecturais la
« probabilité de son assistance à tel specta-
« cle par la qualité des pièces.

« S'il devait se rendre à Feydeau, je ne
« m'y trouvais pas, parce que, comme il y
« avait une entrée particulière où le pu-
« blic n'était pas admis, il n'y avait rien à
« faire. Quand j'allais autour de l'Opéra, et
« qu'il n'était pas arrivé à 8 heures un
« quart, temps qu'il ne dépassait jamais,
« je me retirais.

« Quoique nullement religieux, je sui-
« vais M. le duc de Berri dans les églises
« où il allait. C'est ainsi que plusieurs an-
« nées de suite je suis allé à l'Assomption
« le jour de la Fête-Dieu, parce que j'étais
« sûr de l'y trouver. La foule et la garde
« m'ont presque toujours empêché d'arriver
« jusqu'à lui. La dernière fête notamment
« je fis tous mes efforts pour parvenir à la

« voiture, cela me fut impossible. J'aurais
« tué le prince, même dans l'église.

« Mon idée était entièrement fixée.
« Depuis bien des jours je recherchais l'oc-
« casion de consommer mon dessein. J'étais
« allé rôder le 11 autour de l'Opéra, le 12
« autour de Feydeau et toujours sans
« fruit.

« Le dimanche gras je me levai de
« bonne heure. Après quelques soins de
« ménage et de toilette auxquels je me
« livrai dans ma chambre, je fis mon dé-
« jeuner chez Dubois, aubergiste, rue
« Saint-Thomas du Louvre, où je mangeais
« toujours. Je rentrai, je causai quelques
« momens avec Barbé, son perruquier, et
« dix autres personnes qui étaient chez
« lui, de choses indifférentes. Puis j'allai
« dans ma chambre prendre un poignard,
« comme c'était ma coutume toutes les fois
« que je voulais rôder; c'était le plus pe-

« tit. Je sortis pour voir les masques et le
« bœuf gras; il pouvait être alors une
« heure et demie. Ma promenade, après
« divers tours dans la rue de Rivoli et les
« rues adjacentes, me conduisit par le
« boulevart, d'où je passai par la place
« Louis XV à travers les Champs-Élysées
« jusqu'à moitié chemin de la barrière de
« l'Étoile à la porte Maillot. Il se faisait
« tard; je regagnai l'auberge de Dubois.
« J'y arrivai vers cinq heures et demie;
« j'y dînai à côté d'un nommé Basemont,
« maréchal des écuries, qui ne me dit et à
« qui je ne dis rien de remarquable.

« Sept heures sonnèrent. Je remontai
« dans ma chambre pour prendre mon se-
« cond poignard; je le plaçai dans un des
« goussets de mon pantalon, et l'autre poi-
« gnard dans l'autre gousset; ainsi armé, je
« me rendis auprès de l'Opéra. J'avais jugé
« que le spectacle extraordinaire de ce

« jour y appellerait le prince ; je ne m'é-
« tais pas trompé. A 8 heures le prince
« et la princesse arrivèrent. Quand le
« duc de Berri descendit, je voulus le frap-
« per, le courage me manqua, comme cela
« m'était déjà arrivé bien des fois. Il passa;
« j'entendis donner aux voitures, de bouche
« en bouche et tout haut, l'ordre de reve-
« nir à onze heures moins un quart. Je le
« retins. Je m'en allai en me reprochant
« mon manque de courage, et à peu près
« résolu à m'aller coucher.

« Je traversai le Palais-Royal ; là une
« foule de réflexions m'assaillirent. Je son-
« geai que j'aurais moins d'occasions par
« la suite, car j'avais reçu l'avis que j'irais,
« à dater du 1er du mois suivant, remplir
« mon emploi à Versailles. Il se fit en
« moi une révolution nouvelle. Ai-je tort?
« ai-je raison? me disais-je. Si j'ai raison,
« pourquoi le courage me manque-t-il? si

» « j'ai tort, pourquoi ces idées ne me
» « quittent-elles pas ?

« Je me décidai à l'instant pour le soir
» « même. Je me promenai dans le Palais-
» « Royal. J'allai et vins plusieurs fois, dans
» « l'intervalle de 8 à 11 heures du soir, du
» « Palais-Royal à l'Opéra, et de l'Opéra au
» « Palais-Royal, observant si l'ordre n'était
» « pas changé. Enfin, en y retournant à onze
» « heures moins vingt minutes, je vis que les
» « voitures étaient déjà arrivées. Je me suis
» « glissé près d'elles. J'ai attendu un quart
» « d'heure à la tête du cheval d'un cabriolet.
» « L'ordre a été donné aux voitures d'avan-
» « cer. Je me coulai le long du mur, le prince
» « parut. Aussitôt que la princesse et sa
» « dame d'honneur furent remontées dans la
» « voiture, le factionnaire me tournant le
» « dos je m'élançai sur le prince, le saisis de
» « la main gauche, par l'épaule gauche,
» « le frappai du côté droit, et m'enfuis.

« J'ai été tout seul pour cela. Je n'ai
« ni complices ni confidens; je ne fré-
« quente personne. Je savais que ma tête
« devait tomber. J'ai conspiré seul. A Fon-
« tainebleau je n'ai vu personne. A l'île
« d'Elbe ni ailleurs je n'ai confié mon pro-
« jet à personne. Je craignais que mes
« idées d'effervescence ne se modifiassent à
« la longue. Je n'en parlais pas, pour ne
« pas les éteindre : des confidences m'au-
« raient fait tort.

« Napoléon ne m'a jamais parlé dans
« l'île d'Elbe. Je suis seul auteur et seul
« exécuteur de mon action. Cela peut pa-
« raître étonnant, mais encore une fois je
« suis tout seul. Je n'ai pas eu de compli-
« ces, et je tenais à n'avoir nulles relations,
« parce que j'ai voulu réussir, et que je n'ai
« pas voulu m'exposer au sort de tant de
« gens qui ont perdu la tête sans avoir
« réussi. Et en effet, peu s'en est fallu que

» « ne m'échappasse. Mon action est de moi

» « seul. »

Tel est le récit que Louvel a fait, à l'instant même de l'événement, avec calme, ordre et froideur. Plus tard, il l'a répété dans les mêmes termes, en ajoutant chaque fois que, s'il n'eût pas été arrêté, il aurait continué le cours de ses meurtres par le duc d'Angoulême, MONSIEUR et le roi lui-même.

~~~~~~

CHAPITRE III.

Ouverture des débats. — Physionomie de l'accusé.
— Son costume. — Le tapis moelleux. — Interrogatoire public. — Desseins de Louvel. — Sa
théorie du crime. — Il est content des Pairs. —
Il demande des draps de lit plus fins, soupe et
dort parfaitement. — Réquisitoire interprétatif
de Bellart. — Pâle plaidoyer de Bonnet. —Discours de Louvel à la chambre des Pairs. — Il
est condamné. — Le missionnaire et l'aumônier
des prisons. — Préparatifs. — Charrette escortée par des gendarmes et des cuirassiers de la
garde. — Dernières paroles de Louvel. — Sa
mort.

————

ENFIN le 5 juin 1820, jour fixé pour l'ouverture des débats arriva. Louvel témoigna
le désir de faire un peu de toilette, et il mit

en effet, ses vêtemens les plus propres. A
trois heures et demie du matin, il fut trans-
féré dans une voiture de place, de la Conciergerie au Luxembourg, et mis sous bonne
garde dans une pièce préparée tout exprès.

A neuf heures et demie les témoins à
charge ont été introduits et placés dans le
parquet. Le greffier a déposé ensuite sur
un bureau la procédure et les vêtemens
que portait le prince au moment de sa mort,
un habit de draps vert, un gilet jaune, une
chemise en plusieurs morceaux, un gilet
de flanelle, un pantalon gris, le tout ensan-
glanté. On y voyait aussi deux poignards,
un dont le prince a été frappé, un autre
saisi sur Louvel.

MM. Archambault et Bonnet, chargés
d'office de la défense de Louvel, sont venus
occuper les siéges qui leur étaient destinés.
La première fois qu'ils avaient vu l'accusé,
ils lui avaient dit qu'il était libre de faire

un autre choix. « Messieurs, avait-il ré-
« pondu, je m'en rapporte parfaitement à
« vous : d'ailleurs il y a bien peu de choses
« à dire. » Puis il avait ajouté : « On m'a
« signifié l'acte d'accusation, je l'ai trouvé
« bien ; je crois que vous en serez contens.
« Lundi on me mettra en jugement, mardi
« je serai condamné... Eh bien ! tout
« pourra être terminé mercredi. » Dans
une autre visite il leur avait dit : « Je suis
« extrêmement curieux de savoir ce que
« vous pourrez dire pour me défendre :
« dans tous les cas n'allez pas me contre-
« dire. »

L'accusé est amené à la barre, suivi d'un
officier de paix et escorté de deux brigadiers
de gendarmerie. Il promène sans émotion
ses regards sur l'assemblée, et prend place
entre les avocats. Ses yeux sont petits et
renfoncés, ses lèvres minces, sa bouche
grande, fermée habituellement, serrée

même, et se contractant souvent, sa tête presque chauve. Sa physionomie est immobile : ses yeux étincelans qui pourraient l'animer, sont à peine aperçus de loin ; il a la barbe noire et épaisse et le teint pâle.

Il est vêtu d'une redingotte bleue, boutonnée jusqu'au cou ; il a une cravate noire. Son air et son maintien semblent annoncer un homme d'une profession plus relevée que la sienne. Il porte souvent la main à sa bouche et à son menton.

Arrivé dans la salle qui précède celle des séances, il a été frappé de la mollesse du tapis. « Quel bon tapis ! a-t-il dit ; si j'en « avais toujours eu un comme celui-là « dans ma prison, je n'aurais pas été si « souvent réveillé par les grosses bottes des « gendarmes. »

Le chancelier lui ayant demandé par quel motif il avait ôté la vie au duc de Berri — « Je lui ai ôté la vie, répond-il,

« dans le dessein de détruire la race. » —
« Vous avait-il fait quelque injure à vous
« ou aux vôtres? — Non. — Pourquoi avez-
« vous donné la préférence au prince de la
« famille royale le plus éloigné du trône?
« — C'était pour détruire la souche..... —
« Qui vouliez vous frapper à Calais, en sup-
« posant que vous n'eussiez pas rencontré
« le roi? — Ce que j'aurais rencontré à
« droite ou à gauche, quelqu'un de sa fa-
« mille, de ceux qui sont revenus en France
« avec les armées étrangères. — Pourquoi
« n'êtes-vous pas toujours demeuré à Pa-
« ris? — J'étais humilié de voir en France
« les armées étrangères; je suis allé à l'île
« d'Elbe pour me trouver avec des Fran-
« çais. — Pourquoi avez-vous quitté l'île
« d'Elbe? — Pour reprendre l'exécution
« de mes desseins. — De quelle religion
« êtes vous? — Je suis né en 1783; je
« suis catholique, je crois du moins, tan-

« tôt théophilantrope, tantôt catholique.

« — Vous deviez savoir que vous vous ex-
« posiez à la mort — C'est si peu de
« chose.... Il ne faut voir en moi qu'un
« Français qui se sacrifie.—Si vous aviez
« fait le sacrifice de votre vie, pourquoi vous
« êtes-vous sauvé? — Ce n'était peut-être
« pas pour long-temps.—Si vous étiez par-
« venu à vous sauver qu'auriez-vous fait?
« —J'aurais persévéré contre le duc d'An-
« goulême et tous les autres, comme ayant
« porté les armes contre leur patrie, et
« contre tous les Français qui l'ont trahie. »

Le comte Desèze prétend que l'accusé a
dit, dans un de ses interrogatoires, que, s'il
avait réussi à se sauver après l'assassinat
du duc de Berry, il aurait été *obligé* de
tuer le duc d'Angoulême. Pourquoi s'y se-
rait-il cru obligé? — « Si j'avais eu le mal-
« heur de m'évader, bien des personnes,
« mille, vingt mille, cinquante mille peut-

« être , auraient été inquiétées : j'aurais
« gémi de les voir persécutées lorsque j'é-
« tais seul coupable ; et , comme j'en vou-
« lais à tous ceux qui avaient porté les ar-
« mes contre la France , qui avaient trahi
« la nation , en les y faisant tous passer,
« je serais venu à bout de me faire décou-
« vrir. — Vous auriez dû alors vous pré-
« senter volontairement à la justice. —
« J'aurais mieux fait. — Cependant vous
« avez tenté de vous enfuir après le crime
« commis. — C'est que j'ai peut-être changé
« d'idée. — Quelles étaient vos idées à cette
« époque ? Vouliez-vous assassiner tous les
« princes de la famille royale ? — J'étais
« le persécuteur de tous ceux qui ont nui
« à la patrie. — Quoi ! tous les princes de
« la famille royale ? »

Louvel fait un signe affirmatif.

Le chancelier. « Tout à l'heure, en par-
« lant de votre projet , vous l'avez appelé

« horrible : vous reconnaissez donc que
« c'est un crime que vous avez commis?
« — Je l'ai appelé horrible, parce qu'elle
« est toujours horrible l'action d'un homme
« qui se jette sur un autre pour le poignar-
« der par derrière. Un homme qui tue ,
« ce n'est pas une vertu, c'est un crime.
« L'intérêt que je porte à la nation , dans
« ma manière de voir, m'a seul déterminé :
« je n'ai pas hésité à me sacrifier pour mon
« pays. »

La séance est levée à quatre heures moins
un quart, et ajournée au lendemain à dix
heures. « Je suis fort content de la cham-
« bre des Pairs, disait Louvel en sortant :
« je ne suis fâché que d'une chose, c'est
« qu'on ait fait durer le procès deux jours.
« — Bon ! lui répondit un gendarme, c'est
« du temps de gagné. — Et moi, répli-
« qua-t-il, j'appelle cela du temps perdu. »

Il était logé au Luxembourg. M. de Sé-

monville étant allé le voir : « Depuis que
« je suis en prison, lui dit Louvel, j'ai tou-
« jours couché sur de très-gros draps : je
« voudrais bien, pour la dernière nuit, en
« avoir de fins. »

Cette faveur lui fut accordée. Il soupa
ensuite de très-bon appétit, se coucha,
s'endormit profondément, et ne se réveilla
que le lendemain à six heures. A dix heures
un quart, la séance fut ouverte de nouveau. Le procureur-général Bellart prit
la parole, et fit valoir, avec son élasticité
ordinaire, cet astucieux système d'inter-
prétation dans lequel lui et son collègue
Marchangy resteront à jamais comme des
modèles du genre. La défense de M. Bonnet fut pâle, débile, sans conviction, sans
énergie : elle n'eût point sauvé l'accusé si
l'accusé eût pu être sauvé. Louvel, interpelé ensuite par le chancelier s'il avait
quelque chose à ajouter au plaidoyer de

son défenseur, se leva sans répondre à l'interpellation, tira de sa poche deux feuilles de papier détachées, écrites de sa main, et, d'un ton calme et ferme, il lut le discours suivant :

« J'ai à rougir aujourd'hui, dit-on d'un « crime que j'ai commis seul. J'ai la consola- « tion de croire, en mourant, que je n'ai « pas déshonoré ma nation ni ma famille : il « ne faut voir en moi qu'un Français dévoué « à se sacrifier pour détruire, suivant mon « système, une partie des hommes qui ont « pris les armes contre la patrie. Je suis « accusé d'avoir ôté la vie à un prince : « je suis seul coupable. Mais, parmi les « hommes qui occupent le gouvernement, « il y en a de plus coupables que moi : ils « ont reconnu, suivant moi, des crimes « pour des vertus. Les plus mauvais gou- « vernemens que la France ait eus, ont tou- « jours puni les hommes qui l'ont trahie

5

« ou qui ont porté les armes contre la
« nation.

« Suivant mon système, lorsque des ar-
« mées étrangères menacent, les partis dans
« l'intérieur doivent cesser et se rallier pour
« combattre, pour faire cause commune con-
« tre les ennemis de tous les Français : les
« Français qui ne se rallient pas, ceux qui
« vont chercher l'étranger, ceux qui lui
« ouvrent les portes de la patrie, les Ra-
« guse, les Bourmont, et tant d'autres,
« sont coupables, mille fois coupables.

« Suivant moi, le Français qui est obligé
« de sortir de France par l'injustice du gou-
« vernement, si ce même Français se met
« à porter les armes pour les armées étran-
« gères contre la France, alors il est cou-
« pable : il ne peut rentrer dans la qualité
« de citoyen Français. »

« Selon moi, je ne puis pas m'empêcher
« de croire que, si la bataille de Waterloo

« a été si fatale à la France, c'est qu'il y
« avait, à Gand et à Bruxelles, des Fran-
« çais qui ont porté dans les armées la tra-
« hison, et qui ont donné des secours aux
« ennemis.

« Suivant moi, et selon mon système,
« la mort de Louis XVI était nécessaire,
« parce que la nation y a consenti. Si c'é-
« tait une poignée d'intrigans qui se fût
« portée au palais du roi, et qui lui eût
« ôté la vie sur le moment, c'eût été dif-
« férent; mais, comme Louis XVI et sa fa-
« mille sont restés long-temps en état d'ar-
« restation, on ne peut pas concevoir que
« ce ne soit pas de l'aveu de la nation ; de
« sorte que, s'il n'y avait eu que quelques
« hommes, il n'aurait pas péri : la nation
« entière s'y serait opposée.

« Aujourd'hui, ils prétendent être les
« maîtres de la nation : mais, suivant moi,
« les Bourbons sont coupables, et la nation

« serait déshonorée, si elle se laissait gou-
« verner par eux. »

Après la réplique du procureur-général
et de l'avocat de l'accusé, la Cour des Pairs
se retire pour délibérer à midi moins un
quart, et, à deux heures vingt-cinq minutes, le chancelier rend un arrêt qui condamne Louvel à la peine de mort. Quand
cet arrêt a été lu dans la conciergerie à l'accusé, il l'a écouté sans donner le moindre
signe d'émotion ni de trouble. « Vous n'a-
« vez plus rien à espérer des hommes, lui
« a dit le greffier : vous n'avez de ressource
« que dans la miséricorde de Dieu. Je vais
« vous envoyer un missionnaire. — Je le
« recevrai avec plaisir, a répondu Louvel :
« il me tiendra compagnie. »

Le missionnaire est venu. Louvel a dit
qu'*il ne comprenait rien à toutes ces
belles choses*, et, après un quart d'heure,
le missionnaire est reparti. L'aumônier des

CHAPITRE IV.

LOUVEL avait-il ou n'avait-il pas de
complices? La réponse à cette question est
facile. Malgré tous les efforts de Bellart
pour en faire sortir de terre, il n'en a pu
surgir un seul. On doit donc dire haute-

tience de partir : on apprit que l'exécution était remise à quatre heures. A onze heures le procureur-général essaya en vain de faire avouer à Louvel qu'il avait des complices. A quatre heures, l'exécution fut remise à six.

Dès trois heures une affluence immense, qu'on peut évaluer sans exagération à 200,000 âmes, couvrait le pont au Change, le pont Notre-Dame, les quais, et la place de Grève. A six heures moins un quart Louvel est monté dans la charrette; il était vêtu d'une redingotte bleue : il avait du linge blanc, mais on avait coupé le col de sa chemise; son teint était pâle, et sa barbe longue et noire. Comme il était chauve, on lui avait permis de mettre son chapeau; à côté de lui se tenait l'aumônier des prisons. La charrette était escortée par des gendarmes et des cuirassiers de la garde.

Pendant le trajet, Louvel regardait avec calme à droite et à gauche : la charrette arriva à six heures à la place de Grève. Au pied de l'échafaud, le prêtre lui dit : « Re- « gardez le ciel; dans peu vous comparaî- « trez devant le souverain juge : il est « temps encore de le désarmer par un sin- « cère repentir. — J'en suis fâché, lui ré- « pondit Louvel; mais hâtons-nous! on « m'attend là-haut. » Tandis qu'on l'at- tachait à la planche, il promenait ses re- gards de tous côtés. A six heures cinq mi- nutes, sa tête était tombée.

prisons, l'abbé Montès, a été plus heureux.
Louvel l'a écouté, et l'a gardé auprès de
lui de dix heures et demie du soir à sept
heures du matin : ce n'est que lorsqu'il a
eu la certitude que l'exécution n'aurait lieu
qu'à quatre heures, qu'il est allé prendre
quelques instans de repos.

« Vous m'avez envoyé un bien brave
« homme, a dit Louvel au greffier. J'ai
« craint que ma résistance ne lui causât
« trop de peine : d'ailleurs, il m'a telle-
« ment ému, que je suis tombé à ses ge-
« noux pour lui confesser quelques petites
« fredaines. »

Il employa une grande partie de la nuit
du 6 juin au 7 à écrire à ses parens. On
croyait que l'exécution aurait lieu le 7 à
huit heures du matin. Quelques minutes
avant huit heures, il demanda un bouillon
et un verre de vin; ensuite il dit qu'il était
prêt, et manifesta même quelque impa-

5*

ment qu'il n'en a point eu ; nous voulons parler de ces complices matériels, positifs, directs, attachés sciemment à une entreprise ; car pour des complices indirects, liés à leur insu à une idée, quoiqu'ils ne se sentent pas disposés à un assassinat, oh! de ceux-là, on peut dire que la France en était couverte, et que le mécontentement y était déjà général : nous n'en voulons pour preuve que le réquisitoire de Bellart lui-même.

Suivant lui, de Bordeaux, de Reims, d'autres villes encore, de Londres aussi, on avait écrit à Paris, bien antérieurement au 13 février, pour savoir si le duc de Berri était tué. Sur les routes de Picardie, le bruit en était semé depuis long-temps. A Tours, à Mortagne, au Hâvre, à Orléans, à Lyon, à Cassel, à Bruxelles, à Châlons, à Avignon, à Vitry, à Gap, à Avranches, à Montpellier, à Hambourg, à Casaubon, à Mayence, on disait, dans le courant de janvier, que le duc de Berri n'existait plus. On le disait aussi dans d'autres villes de France après le 13 février, mais avant que le courrier le plus diligent eût pu y arriver. A Paris, le jour même du meurtre, avant qu'il fût commis, le matin même, on en parlait; on en parla aussi d'avance le soir aux spectacles et au bal de l'Odéon. « Dansez, « disait-on, dans ce dernier théâtre; on « égorge maintenant à l'Opéra. »

Le 16 février, un nommé Lucet, détenu depuis quelques jours au dépôt de la Préfecture de police, écrivait au comte Anglès : « J'ai appris, avec un bien vif plaisir « l'assassinat de M. le duc de Berri, et j'ai « pensé à ce sujet qu'il serait à souhaiter « que le reste de la famille royale éprouvât « un pareil sort, pour les punir de leur « obstination à vouloir régner sur un pays « d'où on les avait bannis, et lorsqu'on ne

» « pensait plus à eux. Quelle gloire pour
» « celui qui a porté ce coup! Puissé-je un
» « jour égaler son courage! »

Le 16, à Charonne, le forgeron Duclos
disait à un de ses camarades : « Brigand de
« royaliste, il faut que tu dises comme moi ;
« on a tué le duc de Berri, on a bien fait. »

Le 14, un inconnu disait à Thibaud,
marchand de vin à la barrière des Trois-
Couronnes : « Tu es en colère rapport à
« celui qui a été tué cette nuit ; l'autre le
« sera avant peu. »

Le 27, le tailleur Bourrieux criait à neuf
heures du soir à un passant rue des Filles-
Saint-Thomas : « Vous n'êtes pas un homme ;
« un homme, c'est celui qui a assassiné le
« duc de Berri. »

La nuit, à Saint-Etienne en Forêts et à
Avignon, on criait : *Vive Louvel!*

A Aubenas, un nommé Féris, maçon,
disait en public : « En voilà un de tué, il

« faut espérer qu'on tuera bientôt les trois
« autres. »

A Pont-Saint-Esprit, un garçon bou-
langer exprimait en public le regret que le
duc de Berri n'eût pas été assassiné dix ans
plus tôt.

A Strasbourg, Solis, officier démission-
naire, après avoir chanté *ça ira* en plein
café, dit en parlant de la mort du duc de
Berri : « Eh bien, quel malheur! un homme
« de moins. »

A Vouziers, un cordier s'écriait qu'il en
aurait fait autant que Louvel.

A Méricourt, on distribuait un écrit finis-
sant par cette phrase : « Un Bourbon a eu
« la témérité de mettre le pied sur notre
« sol, il a été puni par le brave Louvel.
« Armez-vous du même fer, et frappez les
« royalistes aux cris de vive la république. »

A Muret, le teinturier Jouvenel applau-
dissait au meurtre du duc de Berri, pro-

v voquait à l'assassinat des autres princes, et
b disait que s'il ne se trouvait personne, il
e s'offrait.

A l'Isle sur le Doubs, le sieur Roy, ca-
q pitaine en retraite, disait : « S'il est mort,
» « il est bien; il serait à souhaiter que l'au-
» « tre le fût aussi. »

A Alençon, au Vigan, à Beauvais, on
s affichait de nuit des placards. Sur un des
n murs de cette dernière ville, on lisait :
» « Honneur à Louvel, l'ami du peuple et le
» « disciple des droits de l'homme! Aux
» « armes! amis de la liberté et de l'égalité!
» « le fanatisme et la féodalité respirent. »
) On lisait sur les murs de Beauvais : « Comme
» « on a fait au duc de Berri, il faut faire
» « au roi. »

A Sèvres, on chantait le Mardi-Gras :
» « Nous l'enterrerons demain. »

A Nancy, en plein marché, un sieur

Bernard disait : « En voilà un ; dans quinze
« jours le reste. »

A Mulhausen, on lançait la nuit dans les
rues des chiens portant des crêpes au cou.

A Paris, un commis de roulage disait le
lendemain du meurtre, en parlant à plusieurs personnes : « Est-il mort ? Je ne
« voudrais pas pour une pinte de mon sang
« que cela ne fût pas. » Et un enfant de
quatorze ans lui répondait : « Si l'on me
« donnait cent mille francs, je tirerais bien
« dans le carrosse du roi. »

Dans les Vosges, une simple ouvrière,
appelée Andrée, composait des chansons
dans lesquelles elle disait « que Louvel
« avait bien fait de venger l'injure de la
« France. »

Dans les premiers jours de février, en
passant à Montpellier, un voyageur disait
publiquement : « Avant quinze jours, il n'y

» « aura plus de Bourbons ni en France ni en
» « Espagne. »

Un cabaretier de Neuilly répétait à ses
pratiques . « Tout va changer ; les nobles,
« les prêtres et les dévôtes la sauteront. »

A Joigny le bruit courait parmi les
chasseurs de la Côte-d'Or que l'arsenal de
Paris avait sauté, qu'il y avait une conspiration contre la famille royale, que le trône
des Bourbons chancelait. Le même bruit
courait dans la 5e compagnie sédentaire à
Châlons.

Renard, écrivain public à Versailles, annonçait que le prince Eugène reviendrait,
que Louis XVII serait proclamé, qu'il restituerait la couronne à Napoléon II et que
lui Renard aurait une place.

Le maréchal de camp Guillet, officier
sans emploi, était à Paris, malade de la
goutte: « Mon Dieu ! tirez-le donc de là
bien vite, disait sa bonne aux médecins,

car il se démène et veut être sur pied pour un coup. »

Un prisonnier de Sainte-Pélagie recommandait à sa femme de se tenir *coi* pendant la semaine du carnaval.

Un passant regardant une enseigne aux armes royales, s'écriait : « Roi, duc d'Angoulême, duc de Berri, tout y passera. »

Le 12 février, deux cuisiniers arrêtés devant la boucherie de la rue de l'Arcade, se disaient : « Tout va bien, avant vingt-quatre heures il y aura du changement. »

Un décrotteur criait : « Il y a gros en l'air; la cour est en grand danger. »

Un ecclésiastiqne, en passant à neuf heures du matin le dimanche gras sur le pont de la Tournelle, a entendu trois hommes dire : « C'est donc aujourd'hui que nous ferons danser les calotins et les royalistes. »

Le jeudi 10 février, le colonel Barbier-

Dufay se trouvait dans la voiture de Cham-
bly faisant route vers Paris. « Quand
reviendrez-vous, lui demanda une jeune
fille? — Quand il sera parti ou étranglé,
répondit le colonel. »

Androphile Mauvais, jeune officier nou-
vellement revenu du Champ-d'Asile, entre
marchander deux camélias du Japon chez
la femme Prevôt, bouquetière au Palais-
Royal. Cette bouquetière lui répond qu'ils
ne sont pas à vendre, qu'ils sont pour la
duchesse de Berri. « Oh! oh! pour la duchesse! répond l'officier. — N'en dites pas
du mal; elle est bonne et humaine .— Ce
n'est donc pas comme son mari? Eh bien!
puisqu'il en est ainsi, dites-lui de ma part
qu'au moment de la crise, un officier du
Champ d'Asile la sauvera. »

Que fit la royaliste bouquetière? elle fit
son rapport à un M. de Bouexis, lequel le
fit à la police, et l'officier fut arrêté, in-

terrogé, confronté à Louvel. Ils ne s'é-
taient jamais vus : O l'excellente madame
Prevôt !

De tout ce qui précède, il faut conclure
que, si Louvel n'a pas eu de complices
directs et matériels, il conste du moins
du réquisitoire de Bellart lui-même qu'à
l'époque de la mort du duc de Berri, déjà le
mécontentement était universel en France,
qu'il fermentait dans tous les esprits, sur tous
les points, et qu'il ne fallait plus qu'une
étincelle pour produire une conflagration
générale.

Les éternels ennemis de la nation française le savaient si bien, que, pour s'assurer leur proie, ils serrèrent de plus en plus
le réseau d'esclavage qui l'enveloppait,
appelèrent au pouvoir la haine, le despo-
tisme et la vengeance, et, s'ils parurent
de temps en temps se relâcher pour quelques mois de leur implacable barbarie, ils

ne le firent jamais que pour retomber bien--
tôt dans une barbarie plus grande, et con-
solider cette infâme bascule du gouvernement dont la diabolique complication a pu
seule maintenir Louis XVIII sur le trône.

Le rusé monarque craignait par-dessus
tout, que la duchesse de Berri, se lassant
bien vite du rôle qu'on lui faisait jouer,
ne gardât pas long-temps le silence. Aussi,
une heure après la mort du prince était-
elle déjà à Saint-Cloud. Dix jours ensuite
la duchesse d'Angoulême venait la voir, et
lui réitérait la volonté du roi, relativement
à sa position et à celle de la maison d'Orléans. Déjà le matin même de l'événement, la duchesse avait subitement ma-
nifesté la détermination de congédier ses
gens; mais elle en révoquaa l'ordre, et ce
fut alors seulement que le bruit courut
dans le public qu'elle était enceinte.

Le rôle que l'omnipotence royale venait d'imposer à cette princesse faible et simple, était assez difficile à remplir avec son caractère et ses habitudes. Mais il satisfaisait trop son amour-propre et son ambition, pour qu'elle ne s'y prêtât pas avec plaisir. Dès ce moment elle parut affectionner si particulièrement une de ses femmes de chambre, la dame de Vathaire, qu'elle ne voulut plus qu'aucune des autres entrassent dans son appartement au moment de sa toilette. Cela parut d'autant plus étonnant, qu'avant la mort du duc de Berri, et même avant la visite de la duchesse d'Angoulême, elle se faisait ordinairement habiller par cinq ou six femmes.

Les cinq premiers mois de sa prétendue grossesse la princesse n'eut pas grand'peine à remplir sa tâche; mais bientôt son ventre parut s'accroître, on eût dit qu'il s'arrondissait de huit jours en huit jours. Ce ventre (on l'a su depuis par une personne employée chez la princesse et congédiée quelques temps avant l'accouchemment) se composait d'une ouate épaisse, cousue artistement à des jupons de tricot de coton blanc. Elle seule avait confectionné ce vêtement qu'elle dérobait à tous les regards. Mais il arriva qu'un jour, pressée de faire sa toilette pour se rendre à une représentation extraordinaire, elle oublia dans sa précipitation cette pièce essentielle de son costume, et descendit le grand escalier du pavillon Marsan avec une légèreté peu commune chez une princesse enceinte.

Elle ne tarda pas à s'en repentir. « Tiens, disait un garde-du-corps à un de ses camarades, la princesse aurait-elle fait une fausse couche? » Ce mot fut un coup de foudre pour elle. Elle remonta aussitôt dans ses appartemens, feignit d'être incommodée, et n'alla pas aux Variétés où elle était attendue (1).

C'est à peu près vers cette époque que se place l'étourderie de ce Gravier, petit bossu jovial et causeur, fréquentant les sociétés bachiques et composant lui-même des chansons patriotiques qui ne manquaient ni de verve ni de sel. Un soir où sans doute il avait fait de trop abondantes libations, la fantaisie lui prit de tirer des pétards sur sa route; mais les appartemens de la duchesse de Berri étaient au-dessus de sa tête. Gravier fut saisi, emprisonné, mis en jugement, et convaincu d'avoir voulu, en lançant des pétards, faire avorter la duchesse. Faire avorter une femme qui n'est pas enceinte! cela n'est pas facile; mais alors on n'y

(1) Précis historique sur la naissance du duc de Bordeaux.

regardait pas de si près. Gravier fut convaincu du crime dont on l'accusait, et condamné aux *galères perpétuelles*. Le malheureux y est mort il n'y a pas long-temps.
Il serait libre s'il eût vécu jusqu'aujour-
d'hui. Jamais une plainte ne lui échap-
pa ni devant ses juges, ni dans les hor-
reurs du bagne; il conserva partout la sé-
rénité d'une conscience pure, et entonnait
encore quelquefois à Toulon la petite chan-
son patriotique. Comment le souvenir de
Gravier galérien n'est-il jamais venu s'offrir à la pensée de la duchesse de Berri?
Comment, au milieu des plaisirs, des spectacles et des fêtes, n'a-t-elle jamais songé
à ce malheureux, homme aimable et instruit, confondu avec l'écume de la société?
Comment n'a-t-elle pas sollicité sa grâce?
ne l'a-t-elle pas obtenue? Oh! que de tristes réflexions dans ce peu de lignes! que
d'étourderie ou de perversité!

~~~~~~

CHAPITRE V.

Choix d'une nourrice. — La sagesse de la lingère.
— Regrets et souvenirs. —-Les canonniers des
Invalides et la promenade au bord de l'eau. —
— Registres de l'état civil de la maison royale.
—Le cordon ombilical et les témoins.

DURANT la prétendue grossesse de la duchesse de Berri, l'auteur de ce livre se
trouva chez une de ses parentes avec un
pair de France, capitaine des gardes-du-
corps. Après une assez longue conver-
sation : « De quel côté allez-vous? demanda le grand seigneur à l'homme de lettres ;
longez-vous la rue de la Paix? » Sur sa

réponse affirmative : « Eh bien ! ajouta l'homme de cour, serez-vous assez bon pour passer au n° tant chez madame telle, lingère, et pour lui demander qu'elle vous montre la jeune personne dont elle m'a parlé. Vous me direz ce que vous en pensez. » La commission me parut singulière, et je fus au moment d'envoyer promener le pair, mais la curiosité l'emporta et je m'acheminai vers la rue de la Paix.

J'entrai chez la lingère, et je fus reçu, pour ainsi dire, à bras ouverts par la dame de la maison, bonne grosse mère d'une cinquantaine d'années, fort appétissante et très-causeuse. « Oh ! soyez le bien venu, monsieur, me dit-elle ! Je vous attendais avec impatience. Vous allez la voir ; elle est aussi vertueuse que belle, et vous en serez satisfait, j'en suis sûre. » Et tout en parlant ainsi, elle me faisait monter l'escalier un peu roide d'un entresol. Je commençais à me repentir tout à fait du rôle que je croyais jouer dans cette aventure. « O messieurs les roués, murmurais-je entre mes dents, nous ne sommes plus au temps de la régence ! »

J'arrivai, et à mes yeux s'offrit la plus charmante des demoiselles lingères : des cheveux blonds, une bouche de rose, des yeux magnifiques, un teint de satin, mais cette légère pâleur qui suit une maladie. « Voyez, voyez, me dit la dame, comme c'est beau, comme c'est frais !..... Et puis c'est sage ! c'est sage ! On n'en voit pas comme cela, monsieur. Il est vrai qu'elle a eu un malheur, mais si vous saviez toutes les circonstances, vous l'excuseriez bien comme moi : un petit scélérat qui semblait la courtiser pour le bon motif. Une horreur, monsieur, une horreur ! Je vous raconterai cela une autre fois. »

Je croyais comprendre, et je ne comprenais rien. La demoiselle me regardait avec de grands yeux tristes. On eût dit qu'elle me demandait grâce. J'en eus pitié, et je la regardai de mon côté de l'œil le plus doux que je pus façonner. Il se fit un moment de silence. Enfin la dame, qui semblait ne s'apercevoir de rien reprit la parole. » « Quant au lait, monsieur, ajouta-t-elle, je vous le donne pour le meilleur de toute la France. On aurait beau parcourir le royaume dans tous les sens, on n'y trouverait pas une nourrice plus belle, plus instruite, mieux élevée et plus sage. Oh ! c'est un trésor ! » A ce mot de *nourrice*, les bras m'étaient tombés. Je jetai à la jeune personne un coup-d'œil de désespoir, je saluai brusquement la dame, et je m'enfuis : j'avais besoin d'être dans la rue pour respirer plus à l'aise.

Je retrouvai le pair chez ma parente, et je lui rendis compte de ma singulière mis-

sion. « On me l'avait bien dit, s'écria-t-il
avec enthousiasme ; madame la duchesse
de Berri sera enchantée : c'était là ce qu'il
nous fallait. »

J'ignore si la demoiselle lingère de la
rue de la Paix a été installée dans les fonctions que lui destinait le pair de France.
Dans ce cas, elle doit être aujourd'hui une
grande dame, et elle aura épousé, sans
doute, quelque officier supérieur de la
garde royale. Si ces lignes tombent par
hasard sous ses yeux, peut-être se rappel-
lera-t-elle l'émissaire qui vint la voir à
l'entresol de son magasin. Heureuse, qu'elle
ne pense plus à moi ! Malheureuse, il ne
serait pas impossible que je me visse encore
à même de lui être utile.

Déjà à cette époque le grave *Moniteur*
faisait trève, de temps à autre, à ses lourdes
communications pour transmettre au public les alternatives de la prétendue gros-

æ sesse royale. On y lisait, le 20 septembre :

» « Tout annonce que l'heureuse délivrance

ib de S. A. R. madame la duchesse de Berri

in ne tardera pas à s'effectuer ; les canonniers

ib des Invalides sont à leurs postes, et atten-

ib dent le signal qui doit annoncer cet évé-

n nement à la capitale. » Le 24 : « Madame

il la duchesse de Berri s'est promenée hier

iz sur la terrasse du bord de l'eau. S. A. R.

ij jouit de la meilleure santé. » Le 25 : « On

n assurait et on se flattait aujourd'hui, aux

r Tuileries, que la délivrance de S. A. R.

n madame la duchesse de Berri était très-

ʃ prochaine. » Le 28 : « Hier à deux heures,

ʔ S. A. R. madame la duchesse de Berri est

ʒ allée se promener sur la terrasse du bord

ʃ de l'eau. La princesse était accompagnée

ʃ de ses premiers officiers et de madame la

ʃ comtesse de Gontaut, qui portait S. A. R.

Mademoiselle. LL. AA. RR. sont rentrées

8

dans leurs appartemens à trois heures et demie. »

Comme tout cela était préparé, calculé! Comme cette promenade, qui devait être la dernière, a été plus solennelle que toutes les précédentes! Certes, il faut avouer que le hasard est un grand maître, s'il produit de pareils effets! mais passons sans transition à la pièce la plus importante :

EXTRAIT DES REGISTRES DE L'ÉTAT CIVIL DE LA MAISON ROYALE.

« L'an de grâce 1820, le 29e jour du mois de septembre, à 3 heures et demi du matin, nous Charles-Henri Dambray, chevalier, chancelier de France, président de la chambre des pairs, etc., remplissant les fonctions d'officier de l'état civil de la maison royale;

« Accompagné de Charles-Louis Hu-

ruet, marquis de Semonville, pair de
France, grand référendaire, etc., et de
Louis-François Cauchy, garde des archi-
ves de ladite chambre, dépositaire des registres de l'état civil;

« Sur l'avis à nous donné par le grand
maître des cérémonies de France, que madame la duchesse de Berry était prise des
douleurs de l'enfantement, nous nous sommes transportés au palais des Tuileries,
pavillon de Marsan, résidence actuelle de
S. A. R. très-haute et très-puissante princesse Caroline-Ferdinande-Louise, princesse des Deux-Siciles, duchesse de Berry,
veuve de très-haut et très-puissant prince,
etc., etc., à l'effet d'y constater la naissance de l'enfant dont est demeurée enceinte ladite princesse, en dresser procès-
verbal, et recevoir l'acte de naissance
prescrit par le Code civil.

« Arrivés audit palais et conduit à l'ap-

partement de madame la duchesse de
Berry, nous y avons trouvé S. A. R. *déjà
heureusement accouchée* d'un enfant du
sexe masculin, ainsi que nous l'avons vérifié, ledit enfant, né à 2 heures 35 minutes du matin, ainsi que nous l'ont déclaré les témoins de l'événement désignés
ci-dessus, et qui, d'après les ordres du
Roi, à nous transmis par le grand maître
des cérémonies, doit se nommer Henri-
Ferdinand-Marie-Dieudonné d'Artois, duc
de Bordeaux.

Suit la déclaration desdits témoins.

1º « Louis-Gabriel Suchet, duc d'Albuféra, pair et maréchal, etc., *l'un des
témoins désignés par le Roi*, déclare ce
qui suit :

« *J'étais logé par ordre du roi au
pavillon de Flore; au premier avertis-
sement qui* me fut donné des douleurs que

essentait S. A. R. madame la duchesse le Berry, *je m'empressai de me rendre à son appartement, j'y arrivai à deux heures quarante-cinq minutes.* A mon arrivée dans la chambre de la princesse *S. A. R. était déjà accouchée :* elle me dit : *M. le maréchal, vous voyez que l'enfant me tient encore; je n'ai point voulu que l'on coupât le cordon avant votre arrivée.* Je reconnus en effet à l'instant que l'enfant n'était point détaché de sa mère, et qu'il était du sexe masculin. La section du cordon ombilical n'eut lieu que quelques minutes après; elle fut faite par M. Deneux, accoucheur de la princesse, en ma présence et en celle de plusieurs gardes nationaux, qui avaient été appelés pour en être témoins, et dont trois étaient arrivés auparavant auprès du lit de la princesse. MM. Bougon et Baron, et madame de Gontaut étaient aussi présens à cette opération ; *lorsqu'elle fut terminée, S. A. R. donna l'ordre de faire entrer dans sa chambre tous les militaires qui se trouvaient au château, ce qui fut exécuté.*

« Et a signé :

Le maréchal duc d'ALBUFÉRA.

« 2° Marie-François-Henri de Franquetot, duc de Coigny, pair et maréchal, etc., *témoin pareillement désigné par le roi,* etc., déclare ce qui suit :

« *Je logeais par ordre du roi, et depuis quelques jours, au château des Tuileries ;* je fus averti que S. A. R. venait *d'accoucher, je m'empressai de me rendre à son appartement. Au moment où j'y arrivai, la section du cordon ombilical venait d'avoir lieu* en présence de

H. le duc d'Albuféra et de plusieurs autres
personnes présentes, et je reconnus que
l'enfant était du sexe masculin.

« Et a signé :

Le maréchal duc de COIGNY.

« 3º Nicolas-Victor Laîné, âgé de 24
ans, marchand épicier, demeurant rue de
la Tixéranderie, nº 52, grenadier au quatrième bataillon, neuvième légion, de la
garde nationale de Paris, déclare ce qui
suit :

« J'étais en faction à la porte du pavillon Marsan, une dame vint m'engager à
monter dans l'appartement de madame la
duchesse de Berry, pour attester que S.
A. R. était accouchée d'un prince ; j'y
montai de suite. Je fus introduit dans la
chambre de la princesse *où il n'y avait
encore que M. Deneux et une autre personne de la maison. Au moment où j'y*

entrais, je remarquai que la pendule marquait deux heures trente-cinq minutes. La princesse m'invita elle-même à verifier le sexe de l'enfant, et la circonstance qu'il n'était pas encore détaché de sa mère; je reconnus, en effet, qu'il en était ainsi. Bientôt après arrivèrent MM. Peigné et Dauphinot, M. le duc d'Albuféra, et ensuite M. Trioson. Ce n'est qu'après leur arrivée, et en leur présence, qu'a eu lieu la section du cordon, après vérification faite du sexe de l'enfant, qui a été reconnu être du sexe masculin.

« Et a signé : LAINÉ.

« Augustin-Pierrre Peigné, âgé de 34 ans, pharmacien, demeurant, place Baudoyer, n° 1, premier sous-lieutenant de grenadiers au quatrième bataillon, neuvième légion, de la garde nationale de Paris, déclare ce qui suit :

« J'étais devant la porte , lorsqu'un officier vint m'engager à me rendre avec un
autre témoin dans l'appartement de S. A. R.
J'y montai avec M. Dauphinot; la princesse m'ordonna de vérifier le sexe de l'enfant, que je reconnus être masculin , et
*M. Deneux me fit voir qu'il n'était pas
encore détaché de sa mère.*

« Et a signé : A. PEIGNÉ.

« Hippolyte-Louis Dauphinot, âgé de
38 ans, employé, demeurant à Paris, rue
de Jouy, nº 8, sergent de grenadiers au
quatrième bataillon, neuvième légion de
la garde nationale de Paris, déclare ce qui
suit :

« On vint prévenir au poste que madame la duchesse de Berry venait d'accoucher. Je montai avec M. Peigné; je vis
l'enfant mâle dont la princesse était accouchée, tenant encore à sa mère. J'éclairai

M. Deneux au moment où il opéra la section du cordon ombilical.

« Et a signé : DAUPHINOT.

« 6° Pierre-Antoine Trioson-Sadoury, âgé de 49 ans, négociant demeurant place Royale, n° 6, capitaine de grenadiers au 4ᵉ bataillon, 9ᵉ légion de la Garde nationale, déclare ce qui suit :

« J'étais au poste du pavillon de Flore. On vint m'avertir de l'accouchement de S. A. R.; je m'empressai de me rendre à son appartement : je fus introduit dans la chambre au moment *où la section du cordon venait d'être opérée*, en présence de M. le duc d'Albuféra et de plusieurs gardes nationaux et autres. J'ai reconnu que l'enfant était du sexe masculin.

« Et a signé : TRIOSON-SADOURY.

« 7° Louis Franque, âgé de 30 ans, garde du corps de MONSIEUR, de 1ʳᵉ classe,

» demeurant à l'hôtel des Gardes, déclare ce
» qui suit :

« J'étais en faction à la porte de S. A. R.,
» et j'ai été le premier prévenu de l'événe-
» ment : la dame qui me l'annonça m'ayant
» engagé à entrer, je laissai un instant mon
» fusil, j'entrai dans la chambre, et je vis
» l'enfant mâle dont la princesse venait d'ac-
» coucher, non encore détaché de sa mère.

« Et a signé FRANQUE.

« 8° Augustin-Charles-Henri d'Hardi-
» villiers, âgé de 33 ans, capitaine de gre-
» nadiers au 3ᵉ régiment de la Garde royale,
» demeurant à Paris, rue du Bac, n° 120,
» déclare ce qui suit :

« J'étais à mon poste. On vint me dire
que S. A. R. ressentait les douleurs de l'enfantement; je me rendis à son appartement;
on me fit entrer dans sa chambre : je vis
l'enfant non encore détaché de sa mère. Je

88

sortis aussitôt pour aller chercher M. le
duc d'Albuféra ; mais il s'était croisé avec
moi, et je ne le trouvai plus à son appartement.

« Et a signé : D'Hardivilliers.

« 9° Rose-Joséphine Gauné de Cazeau,
femme de Vathaire, première femme de
chambre de S. A. R., âgée de 48 ans, demeurant au pavillon Marsan, déclare ce qui
suit :

« J'occupe une chambre joignant immédiatement celle de la princesse, et dont la
porte restait ouverte pendant la nuit. J'a-
vais quitté S. A. R. en parfaite santé à deux
heures du matin, et je dormais depuis peu
de temps, lorsque je fus éveillée par la voix
de Madame, qui appelait à elle ; j'y cours
à l'instant même ; Mme Bourgeois y arriva
en même temps que moi : *la princesse me
dit qu'elle était à l'instant d'accoucher.*

On m'avait confié la clé des appartemens des enfans de S. A. R., afin que je pusse avertir, aux premières souffrances, M. Deneux, accoucheur de la princesse, et madame de Gontaut ; *je m'empressai d'y courir.* Lorsque je revins, Mme Bourgeois me dit que la princesse était accouchée : je vis en effet l'enfant tenant encore à sa mère. S. A. R. me dit que c'était un garçon, ce que je vérifiai. Il n'y avait encore auprès de la princesse que Mme Bourgeois et moi ; je pensai qu'il fallait appeler quelqu'un pour être témoin : on alla chercher le garde du corps et le garde national qui se trouvaient de faction, et successivement il arriva plusieurs autres personnes, parmi lesquelles se trouvait M. le duc d'Albuféra : la section du cordon n'a eu lieu qu'en leur présence. On avait envoyé de Pau à la princesse du vin de Jurançon et une gousse d'ail : S. A. R. s'en souvint, et de-

manda qu'on fît boire à l'enfant de ce vin,
et qu'on lui frottât les lèvres avec la gousse
d'ail ; ce qui fut exécuté par S. M. elle-
même, qui était survenue dans l'intervalle.

« Et a signé : GAUNÉ-CAZAU DE VA-
THAIRE.

« 10° Charlotte-Marie Villemenot, femme
Bourgeois, âgée de 36 ans, femme de chambre ordinaire de S. A. R., demeurant au pavillon Marsan, déclare ce qui suit :

« J'avais quitté à deux heures S. A. R.
pour me retirer dans ma chambre, qui est
très-voisine de la sienne, et dont la porte
restait ouverte ; et à peine étais-je endormie, que la princesse s'est écriée : *Madame Bourgeois, vite ! il n'y a pas un
seul moment à perdre.* Je sautai en bas de
mon lit, je tirai les sonnettes, et à peine
étais-je arrivée au lit de la princesse, que

: reçus la tête de l'enfant. La princesse :emanda aussitôt de la lumière, car il n'y m avait pas dans ce moment; j'allumai un ßambeau à la lampe : *Dieu, quel bon-* *:eur!* s'est écriée la princesse; *c'est un* *ɔarçon : c'est Dieu qui nous l'envoie.* Mme de Vathaire, arrivée en même temps ɲue moi, était allée aussitôt prévenir mon- ïieur Deneux : à son retour, et sur l'ordre ιfle la princesse, *qui désirait qu'on fît en-* *ιtrer le plus de témoins possible,* j'allai ɔchercher le garde du corps de MONSIEUR et ιfle garde national qui se trouvaient de fac- ιftion : ils arrivèrent aussitôt, et furent sui- *ʳ* vis de plusieurs autres; bientôt après arriva : aussi M. le duc d'Albuféra : ce n'est qu'a- ι près son arrivée, et lorsqu'il eut vérifié le : sexe de l'enfant, qu'eut lieu la section du cordon ombilical.

« Et a signé : C.-M. F. BOURGEOIS.

« 110 Marie-Charlotte-Julienne-Eugénie de Coucy, duchesse de Reggio, âgée de 29 ans, dame d'honneur de S. A. R., demeurant au pavillon Marsan, déclare ce qui suit :

« J'ai été avertie sur-le-champ que S. A. R. ressentait les douleurs de l'enfantement : je m'y rendis sur-le-champ. En entrant, je vis sur le lit l'enfant non encore détaché de sa mère : la princesse m'apprit que c'était un garçon; j'allai sur-le-champ en prévenir S. A. R. MONSIEUR.

« Et a signé :

« La maréchale OUDINOT, duchesse de REGGIO.

« 12° Marie-Louise-Joséphine de Montaut, vicomtesse de Gontaut-Biron, âgée de 47 ans, gouvernante des enfans du feu duc de Berri, demeurant au pavillon Marsan, déclare ce qui suit :

« A deux heures et demic, Mme de Va-

l:haire vint m'avertir que S. A. R. ressen-
stait les douleurs de l'enfantement : je m'y
rendis aussitôt. En entrant dans la cham-
dbre, j'entendis les premiers cris de l'enfant.
Madame s'est écriée, en me tendant les
dbras : « C'est Henri! » J'ai reconnu que
l'enfant n'était point encore détaché et
bétait du sexe masculin. Au même moment
2sont arrivés des gardes nationaux appelés
ppar les ordres de S. A. R., et immédiate-
1ment après M. le duc d'Albuféra : *ce n'est
qu'en sa présence, et après vérification
par lui faite du sexe de l'enfant, que
la section du cordon ombilical a eu lieu.*

« Et a signé :

« M.-L.-J. Montaut, vicomtesse
de Gontaut.

« 13o Ursule-Antoinette Blaise, femme
Lemoine, âgée de 44 ans, garde de S.
A. R. Madame, demeurant au pavillon
Marsan, déclare ce qui suit :

« On est venu m'avertir en même temps
que Mme de Gontaut. J'arrivai quelques
instans avant elle à l'appartement de S.
A. R. L'enfant criait très-fort, et n'était
point encore détaché de sa mère : je reconnus qu'il était du sexe masculin.

« Et a signé :   « Ve LEMOINE.

« 14° Louis-Charles Deneux, âgé de
53 ans, docteur en Médecine, accoucheur
de S. A. R., demeurant rue de l'Univer-
sité, n° 62, déclare ce qui suit :

« A deux heures et demie, je fus prévenu que S. A. R. ressentait les douleurs
de l'enfantement. Je courus sur-le-champ,
et sans prendre le temps de m'habiller entièrement, à l'appartement de la princesse :
*elle n'avait point eu le temps d'être chan-
gée de lit.* Au moment où j'arrivai près d'elle,
j'entendis l'enfant crier ; je reconnus qu'il
était du sexe masculin, et qu'il n'était point

incore détaché de sa mère , *laquelle n'é-*
xait point encore délivrée : il a été vu
dans cet état par plusieurs gardes nationaux et gardes de MONSIEUR , par M. le
duc d'Albuféra et par MM. Baron et Bou-
ron. D'après le désir de S. A. R., l'enfant
jouissant d'une parfaite santé, la section du
cordon n'a eu lieu qu'en présence de ces
différentes personnes.

« Et a signé :   DENEUX, accoucheur.

« 15° Jacques-François Baron , âgé de
89 ans, médecin des enfans de feu S. A. R.
M. le duc de Berri, demeurant rue du Four-
Saint-Germain, n° 47, déclare ce qui suit :

« Arrivé à 2 heures 35 minutes dans la
chambre de S. A. R., *je vis l'enfant placé*
sur la mère, et non encore détaché d'elle.
Je reconnus qu'il était du sexe masculin.
La section du cordon n'a eu lieu qu'après

l'arrivée de M. le duc d'Albuféra et de plusieurs autres témoins.

« Et a signé : BARON.

« 16° Charles-Jacques-Julien Bougon,
âgé de 41 ans, premier chirurgien de
S. A. R. MONSIEUR, demeurant rue Saint-
Honoré, n° 333, déclare ce qui suit :

« Je suis arrivé dans la chambre de
S. A. R. Madame sur le premier avis qui
m'en a été donné, et quelques instans après
M. Baron. *L'enfant était placé sur sa
mère*, et lui était encore attaché par le
cordon ombilical, dont la section n'a eu
lieu qu'après l'arrivée et en présence de
M. le duc d'Albuféra, et de plusieurs autres
témoins. Je reconnus que l'enfant était du
sexe masculin.

« Et a signé : BOUGON.

« 17° Alexandre-Marie-Louis-Charles

Lallemant, comte de Nantouillet, âgé de
61 ans, premier écuyer du duc de Berri,
demeurant à l'Elysée-Bourbon, déclare ce
qui suit :

« A 2 heures 3/4 environ, je fus averti
que Madame éprouvait les douleurs de l'enfantement. Je courus à son appartement,
et, par son ordre, j'approchai de son lit.
*La princesse me montra elle-même que
l'enfant tenait encore.* Je reconnus qu'il
était du sexe masculin.

« Et a signé : le comte DE NANTOUILLET. »

A cette information, étaient présens le
duc de Richelieu, le comte de Pradel, et
le marquis de Dreux-Brezé. Le procès-
verbal, inscrit sur le double registre de
l'état civil de la maison royale, a été signé
(avec le chancelier et les témoins désignés
par le roi) par tous les membres de la famille royale, les princes et princesses du

9

sang, et les trois fonctionnaires ci-dessus.
On a immédiatement procédé à la récep-
tion de l'acte de naissance, lequel a été
signé comme le procès-verbal, et de plus
par les ministres. Sont venues ensuite,
avec permission du roi, de nombreuses si-
gnatures de prélats, pairs, maréchaux,
capitaines des gardes, gentilshommes, et
jusqu'à celle de l'inévitable Talleyrand.

CHAPITRE VI.

Protestation du duc d'Orléans. — Les témoins récompensés. — Singulier billet que m'écrit le pair
de France qui m'avait chargé, à mon insu, du
choix d'une nourrice.—Les tribunaux belges.—
Roi de France ou Emigré. — La femme blonde
et son enfant.—La maternité et l'hôpital de fous.
— Le peintre, sa femme et ses enfants. La dauphine et les oubliettes.

LE prétendu duc de Bordeaux était né
le 29 septembre 1820. Une protestation,
dressée le lendemain même par le duc d'Orléans, fut insérée officiellement, cinq jours
après, dans tous les journaux de Londres.
Voici cette pièce importante que nos lec-
teurs feront bien de comparer au procès-

verbal, et que nous recommandons à leurs plus sérieuses méditations :

PROTESTATION

Du Duc d'Orléans.

« S. A. R. déclare par les présentes qu'il proteste formellement contre le procès-verbal, daté du 29 septembre dernier, lequel acte prétend établir que l'enfant nommé Henri-Charles-Ferdinand-Dieudonné est le fils légitime de S. A. R. Madame, duchesse de Berri.

« Le duc d'Orléans produira en temps et lieu les témoins qui peuvent faire connaître l'origine de l'enfant et sa mère. Il produira toutes les preuves nécessaires pour rendre manifeste que la duchesse de Berri n'a jamais été enceinte depuis la mort infortunée de son époux ; et il signalera les auteurs de la machination dont cette très-faible princesse a été l'instrument.

« En attendant qu'il arrive un moment favorable pour dévoiler cette intrigue, le duc d'Orléans ne peut s'empêcher d'appeler toute l'attention sur la scène fantastique qui, d'après le susdit procès-verbal, a été jouée au pavillon de Marsan.

« Le *Journal de Paris*, (1) que tout le monde sait être un journal confidentiel, annonça le 20 août dernier le prochain accouchement dans les termes suivans :

« *Des personnes qui ont l'honneur d'approcher la princesse nous assurent que l'accouchement de S. A. R. n'aura lieu que du 20 au 28 septembre*

---

(1) Ne confondons pas ce journal ministériel d'alors avec l'excellent *Journal de Paris* d'aujourd'hui. Son rédacteur en chef M. Léon Pillet est un écrivain honorable qui ne s'est jamais vendu et ne se vendra jamais.

9*

« Lorsque le 28 septembre arriva, que se passa-t-il dans les appartemens de la duchesse ?

« Dans la nuit du 28 au 29, à deux heures du matin, toute la maison était couchée et les lumières éteintes. A deux heures et demie la princesse appela; mais la dame de Vathaire, sa première femme de chambre, était endormie; la dame Lemoine, sa garde, était absente, et le sieur Deneux, l'accoucheur, était déshabillé.

« Alors la scène changea. La dame Bourgeois alluma une chandelle, et toutes les personnes qui arrivèrent dans la chambre de la duchesse virent un enfant qui n'était pas encore détaché du sein de la mère.

« Mais comment cet enfant était-il placé?

« Le médecin Baron déclare qu'il vit l'enfant placé sur sa mère, et non encore détaché d'elle.

« Le chirugien Bougon déclare que l'enfant était placé sur sa mère, et encore attaché par le cordon ombilical.

« Ces deux praticiens savent combien il est important de ne pas expliquer plus particulièrement comment l'enfant était placé sur sa mère.

« Madame la duchesse de Reggio a fait la déclaration suivante :

« Je fus informée sur-le-champ que S. A. R. ressentait les douleurs de l'enfantement. J'acourus auprès d'elle à l'instant même, et en entrant dans la chambre, je vis l'enfant sur le lit et non encore détaché de sa mère.

« *Ainsi, l'enfant était sur le lit, la duchesse dans le lit, et le cordon ombilical introduit sous la couverture.*

Remarquez ce qu'observa le sieur Deneux, accoucheur, qui, à deux heures et demie, fut averti que la duchesse ressentait les douleurs de l'enfantement, qui accourut sur-le-champ auprès d'elle sans prendre le temps de s'habiller entièrement, qui la trouva dans son lit et entendit l'enfant crier.

« Remarquez ce que vit le sieur Franque, garde-du-corps de Monsieur, qui était en faction à la porte de S. A. R., et qui fut la première personne informée de l'événement par une dame qui le pria d'entrer.

« Remarquez ce que vit le sieur Lainé, garde-national, qui était en faction à la porte du pavillon de Marsan, qui fut invité par une dame à monter, monta, fut introduit dans la chambre de la princesse, où il n'y avait que le sieur Deneux et une autre personne de la maison, et qui au moment où il entra, observa que *la pendule marquait deux heures trente-cinq minutes*.

« Remarquez ce que vit le médecin Ba-

rron, qui arriva à deux heures trente-cinq
minutes, et le chirugien Bougon, qui arriva quelques instans après le sieur Baron.

« Remarquez ce que vit le maréchal
Suchet, qui était logé par ordre du roi au
pavillon de Flore, et qui, au premier avis
que S. A. R. ressentait les douleurs de
l'enfantement, *se rendit en toute hâte à
son appartement, mais n'arriva qu'à
deux heures quarante-cinq minutes*, et
qui fut appelé pour assister à la section du
cordon ombilical quelques minutes après.

« Remarquez ce qui doit avoir été vu
par le maréchal de Coigny, qui était logé
aux Tuileries par ordre du roi, qui fut appelé lorsque S. A. R. était délivrée, qui
se rendit en hâte à son appartement, mais
qui n'arriva qu'un moment après que la
section du cordon avait eu lieu.

« Remarquez enfin ce qui fut vu par
toutes les personnes qui furent introduites

après deux heures et demie jusqu'au moment de la section du cordon ombilical, qui eut lieu quelques minutes après deux heures trois quarts.

« *Mais où étaient donc les parens de la princesse pendant cette scène qui dura au moins vingt minutes ? Pourquoi, durant un si long espace de temps, affectèrent-ils de l'abandonner aux mains de personnes étrangères, de sentinelles et de militaires de tous les rangs ? Cet abandon affecté n'est-il pas précisément la preuve la plus complète d'une fraude grossière et manifeste ? N'est-il pas évident, qu'après avoir arrangé la pièce, ils se retirèrent à deux heures et demie, et que, placés dans un appartement voisin, ils attendaient le moment d'entrer en scène et de jouer les rôles qu'il s'étaient assignés.*

« *Et, en effet, vit-on jamais, lors-*

qu'une femme, de quelque classe que ce
soit, était sur le point d'accoucher, que,
pendant la nuit, les lumières fussent
éteintes; que les femmes placées auprès
d'elles, fussent endormies; que celle qui
était plus spécialement chargée de la
soigner, s'éloignât; que son accoucheur
fût déshabillé, et que sa famille, habi-
tant sous le même toit, demeurât plus de
vingt minutes sans donner signe de vie.

« S. A. R. le duc d'Orléans est convaincu
que la nation française et tous les souverains
de l'Europe sentiront toutes les conséquen-
ces dangereuses d'une fraude si audacieuse
et si contraire aux principes de la monarchie héréditaire et légitime.

« Déjà la France et l'Europe ont été
victimes de l'usurpation de Bonaparte.
Certainement, une nouvelle usurpation,
de la part d'un prétendu Henri V, amène-

rait les mêmes malheurs sur la France et
sur l'Europe.

« Fait à Paris, le 30 septembre 1820 »

Les personnes qui ont figuré principalement dans la scène du pavillon Marsan, sont :
le duc d'Albuféra, le maréchal de Coigny,
les quatre gardes nationaux Laîné, Peigné, Dauphinot, Trioson–Sadoury ; le
garde du corps Franque ; le garde royal
d'Hardivilliers ; les deux femmes de chambre, de Vathaire et Bourgeois ; la dame
d'honneur, madame de Reggio ; la gouvernante, madame de Gontaut ; la garde,
madame Lemoine ; les médecins, Deneux,
Baron, Bougon, et le comte de Nantouillet.

Le duc d'Albuféra a été nommé chevalier commandeur des ordres du roi.

Le maréchal de Coigny a reçu, dit-on,
une pension de 20 mille francs sur la cassette
du roi.

Les quatre gardes nationaux ont v

leurs noms et leurs témoignages mis hono-
rablement à l'ordre du jour par leur colonel, vicomte Héricart de Thury.

Le garde du corps et le garde royal ont
eu de l'avancement.

Mesdames de Vathaire et Bourgeois sont
entrées de plus en plus dans la confiance de
S. A. R.

Madame de Reggio a été récompensée
dans la personne de son mari, nommé che-
valier-commandeur des ordres du roi.

Madame de Gontaut a obtenu des
places pour tous ses parens, ses amis et ses
protégés.

Madame Lemoine a eu une pension.

M. Deneux a été décoré de la Légion-
d'Honneur.

Les docteurs Baron et Bougon ont
fait leur chemin.

Enfin, le comte de Nantouillet a ployé
sous le poids des pensions et des faveurs.

Tout ce qui précède résulte du *Bulletin des Lois* et du *Moniteur*, à partir du dimanche 1ᵉʳ octobre 1820, nº 275.

Pour moi, après avoir joué, à mon insu, un rôle important dans la recherche d'une nourrice pour le prétendu héritier présomptif du trône, j'étais appelé à en jouer un autre, non moins important, dans l'annonce de sa naissance; mais, cette fois, bien loin d'accepter la mission qu'on me destinait, je me suis empressé de répandre parmi mes amis et connaissances, le billet que m'adressait le même pair de France, dont je tairai toujours le nom.

« MON CHER MONSIEUR,

Vous savez, sans doute, la naissance du nouveau prince. On ne manquera pas de faire courir à ce sujet des bruits absurdes. Je sais que, quoique libéral, vous êtes conscioncieux. Rendez-moi donc le service de démentir ces bruis, qui, je vous le jure, n'ont pas la moindre consistance. »

Quelle singulière précaution ! Comme elle déconvre maladroitement la fraude, et ne laisse aucun doute sur son existence ! Quoi ! un pair de France se dérobe à ses occupations pour m'adresser, à moi chétif, le seul billet qu'il m'ait écrit, qu'il m'écrira de sa vie !... Et que renferme ce billet ? Relisez attentivement et jugez. Je n'y ai rien ajouté, changé, ni retranché. Les coupables et leurs complices se dénoncent eux-mêmes.

Mais quelle est la mère du prétendu duc de Bordeaux ? Les opinions varient là-dessus. Tout le monde a pu lire, dans le *Journal des Pays-Bas*, que le père et la mère de cet enfant le réclamaient devant les tribunaux, disant qu'il leur avait été enlevé pour la duchesse de Berri; qu'ils avaient bien voulu en faire le sacrifice, afin d'avoir un roi de France dans leur famille ; mais qu'ils ne consentiraient jamais à l'avoir proscrit, émigré. Nous verrons quelles suites aura cette affaire.

De mon côté, j'ai connu une femme Gauthier, d'une taille herculéenne et d'une force prodigieuse, qui habitait les environs du marché du Temple. Elle était mariée à un pauvre menuisier que j'ai eu plusieurs fois l'occasion d'employer chez moi. La femme Gauthier, voyant approcher les derniers jours de sa grossesse, alla s'établir, pour faire ses couches, à la Maternité. Près d'elle était couchée une femme blonde, fort belle, qui fut prise, dans la nuit du 28 septembre, des douleurs de l'enfantement. Il y eut des plaintes, des cris, puis tout rentra dans l'ordre. Le lendemain, la femme blonde se lamentait, disant qu'on lui avait enlevé son fils. Sa fureur était à son comble. Les gens de la maison répondaient : « La pauvre femme ! son enfant est mort, et la douleur qu'elle en ressent est telle, que, jointe à la fièvre de lait, elle la rendra folle. » Le lendemain, ils prétendaient tous qu'elle l'était réellement; et pourtant il n'y avait rien de vague ni de décousu dans ses discours, on n'y remarquait qu'une exaltation d'esprit bien naturelle dans sa position. Le jour suivant, malgré ses cris, elle fut emmenée de la maison. On la conduisait, disait-on, dans un hôpital de fous. Dieu sait où la malheureuse aura été jetée ! Pourquoi ne chercherait-on pas, d'après les registres de la Maternité, à découvrir son asile et à l'interroger, si elle existe encore ? Pourquoi, du moins, ne rechercherait-on pas la femme Gauthier, qu'il ne serait pas impossible de découvrir, et qui pourrait certainement raconter à l'autorité ce qu'elle m'a raconté à moi-même ?

Au reste, cet exemple d'une personne embarrassante qui disparaît tout-à-coup,

10*

et dont on ne retrouve pas vestige, n'est
pas nouveau, n'est pas isolé. Sous le gouvernement des deux derniers Bourbons : la
France a eu ses oubliettes. J'ai entendu
dire, à une personne fort recommandable,
qu'un ouvrier peintre travaillant un jour
au haut d'une échelle, aux Tuileries, la
dauphine entra subitement et s'écria, se
croyant seule : « O Français ! Français !
que n'avez-vous une seule tête que je pusse
abattre d'un seul coup ! » A peine avait-
elle laissé échapper cette exclamation,
qu'elle leva les yeux et aperçut l'ouvrier.
Le malheureux embrassa, le soir, sa femme
et ses enfans, mais ce fut pour la dernière
fois. Il disparut bientôt pour jamais, et ensuite toute son infortunée famille, qui habitait un village de la banlieue. Je n'ai rien
vu par moi-même, mais j'ai d'honorables
témoignages que je pourrais invoquer au
besoin.

CHAPITRE VII.

Règnes de Louis XVIII et de Charles X. — Entou-
rage du nouveau roi. Parti liberticide. Congrégation. Fantasmagorie. — Discours de la couronne.
Réponse. Ajournement. Dissolution. Peyronnet.
Guerre d'Alger. — Réélection des 221. Incendies. Dissimulation. Coup d'État. Ordonnances.
Leurs signataires. — Indignation. Mouvement.
Le bureau du *Régénérateur*. Le marquis de Chabannes. — Journées des 26 et 27. Saisies des
presses. Mangin et le gendarme. — Distributions
aux troupes. Organisation des citoyens. Premières
attaques. Les gendarmes, la ligne, la garde, les
lanciers. — La nuit. Les théâtres fermés. Les
armuriers. Les rues dépavées. Les barricades.
Les réverbères brisés. Préparatifs de défense.

———

Tant qu'avait duré le règne de Louis
Dix-Huit, le parti absolutiste s'était adroi-

tement dissimulé s'il ne s'était complètement dissous. Mais il avait organisé ses chefs,
établi ses correspondances et préparé les
événemens. Charles X succéda à son frère,
et ce peuple français, si bon, si facile à
contenter, salua son avènement par d'una-
nimes acclamations. La censure avait été
rétablie durant la maladie du feu roi; le
nouveau monarque, en rendant la liberté
à la presse, sembla vouloir se concilier
tous les cœurs; mais ce n'était qu'un nouvel essai du système de bascule de Louis
Dix-Huit. Trois mois ne s'étaient pas écou-
lés que Charles n'avait plus autour de lui
que des partisans des vieilles doctrines et
des amis du régime absolu. Le parti liberticide grandissait; la congrégation enva-
hissait les emplois, les grades et jusqu'aux
mairies de village. Elle présentait sans
cesse au roi tremblant les massacres de la
révolution, et le corps sanglant de son

frère. Cette fantasmagorie devait porter ses fruits.

Le peuple cependant courbait toujours la tête et se taisait, mais cette fois le *silence des peuples ne fut pas la leçon des rois*. La longanimité des opprimés fut prise pour de la crainte par les oppresseurs; ils crurent pour violer les lois n'avoir plus besoin de recourir à la ruse. Le 8 août 1829 vint révéler la pensée toute entière de parti. A un ministère timide succéda un ministère infâme. On vit surgir, pour le composer, tout ce que l'intrigue et le favoritisme peuvent former de plus inepte, tout ce que l'esprit de parti peut produire du plus odieux. L'audace cependant lui manqua plus d'une fois pour violer la foi jurée et fouler les droits de 32 millions de Français. La Bourdonnaye s'éloigna de rage, Courvoisier et Chabrol reculèrent de peur.

Cependant, les Chambres s'assemblaient

en vertu de la convocation royale. Le discours de la couronne jeta l'alarme dans tous
les esprits. On lut dans une phrase mena-
çante la manifestation de projets hostiles ;
la Chambre ne refusa pas le combat qu'on
lui offrait : sa réponse au discours du trône
fut ferme et respectueuse. Deux cent vingt-
un députés l'adoptèrent, cent quatre-vingt-
un la repoussèrent : la majorité l'emporta.
Le roi ordonna alors l'ajournement des
Chambres. Les députés obéirent ; mais le
ministère, prenant ce calme pour de la
crainte, prononça la dissolution de la
Chambre des députés, et la convocation
des colléges électoraux. En même temps,
il s'adjoignit, comme pour un coup de main,
l'exécrable Peyronnet, le collègue déhonté
de Villèle, l'homme de France le plus avili
dans l'opinion. Le souvenir d'une vieille
insulte se réveilla tout à coup ; on résolut
une guerre contre Alger pour s'enrichir

d'abord, et puis pour se faire un appui du courage victorieux de l'armée. On se trompa; l'armée vainquit au profit seul de la France.

Mais les citoyens ne s'endormaient pas non plus. La réélection des 221 votans de l'adresse avait été admise comme principe par les amis des libertés publiques; leur presque totalité fut appelée à faire partie de la Chambre nouvelle : un grand nombre de constitutionnels plus purs remplaça les partisans du ministère, et l'opposition compta 280 députés. Ainsi fut perdu le fruit qu'on espérait tirer de l'expédition d'Afrique; ainsi devinrent inutiles ces mystérieux incendies allumés de toutes parts pour effrayer les électeurs des départemens de l'Ouest. La presse périodique déjouait toutes les manœuvres : il fallut donc penser à l'anéantir. Les ministres osèrent jeter le gant à la France, et la France tout entière se leva pour le ramasser. Trois jours suffirent ; Charles X vit s'éteindre la dernière étincelle de son faible pouvoir, et un baptême de sang régénéra la grande nation française.

Après la défaite des élections, il avait semblé que le ministère n'avait rien de mieux à faire que de se retirer ; un tel acte eût apaisé le pays irrité : il n'en fit rien. La France, ballotée entre des menaces de coup d'état et des assurances de tranquillité, attendait silencieusement le 3 août, jour fixé pour l'ouverture des Chambres. Le 24 juillet, les feuilles ministérielles assuraient encore que le gouvernement, certain de la majorité dans les Chambres, ne changerait rien à l'ordre établi. Le dimanche 25, l'ouvrier, après s'être délassé des travaux de la semaine, s'endormit exempt d'alarmes, tandis que le parti jésuitique tramait l'horrible attentat devant lequel on avait cru qu'il reculait. Jamais trahison ne fut mieux concertée; jamais secret diabolique ne fut plus religieusement gardé.

Le 26 au matin, le *Moniteur* apprend à la France que l'œuvre d'iniquité est consommée; un infâme rapport calomnie impudemment la nation pour mieux l'enchaîner. Cinq ordonnances qui le suivent, suspendent la liberté de la presse, dissolvent la Chambre non encore assemblée, changent et bouleversent la loi des élections, élèvent enfin à la dignité de conseillers du roi, Delavau, le grand organisateur des massacres de la rue Saint-Denis; l'ancien ministre de la marine Vaublanc, qui profitait de sa position pour faire la traite; Dudon, accusé publiquement de vol par le duc de Richelieu; Forbin des Issarts, Frénilly, Franchet, Castelbajac, l'inepte Syrieys de Mayrinhac, Cornet-d'Incourt, Villebois, Formon, Cony, Curzay, Villeneuve, Chaulieu, Contades, tous gens odieux à la patrie, et couverts de sa haine ou de ses mépris; et enfin ce bon-homme Bergasse, ancien député aux états-généraux, si spirituellement stigmatisé par l'auteur de *Figaro*.

C'est au nom de la Charte elle-même que la Charte est violée. L'article 14, portant que *le roi fait des ordonnances pour l'exécution des lois*, est jésuitiquement torturé; et d'un pacte entre la nation et le prince, on fait sortir le droit divin, le pouvoir constituant, et une foule d'absurdités coupables. Et qui étaient les signataires de ces actes coupables? Un Polignac, encore tout couvert du sang des victimes de la machine infernale; un Peyronnet, qu'il est impossible de calomnier; un Guernon-Ranville, poëte ridicule, s'il n'était sicaire implacable; un Chantelauze, un d'Haussez, un Monthel, monstres déchaînés contre nos institutions; et enfin, pour couronner di-

gnement l'œuvre, un Capelle, ignoble ba-
ladin tombé des planches d'un théâtre
dans le lit adultère d'une princesse, et de là
dans les conseils d'un roi.

Ces funestes ordonnances ne furent con-
nues, dès le matin, que dans le centre de
Paris; mais là, on se pressait pour en
prendre lecture; l'indignation et l'inquiétude se peignaient sur tous les visages; des
imprécations s'échappaient de toutes les
bouches. La Bourse fut agitée, la foule
encombra le rez-de-chaussée et les tribu-
nes, les fonds baissèrent de près de cinq
francs, les banquiers refusèrent l'escompte,
les imprimeurs congédièrent leurs ouvriers,
les feuilles libérales protestèrent contre les
ordonnances illégales, et le préfet de police Mangin fit défendre aux imprimeurs d'en continuer la publication sous
peine de voir briser leurs presses. Un grand
nombre se décida à braver ses menaces.

Cependant les rues, les places publiques étaient encore calmes ; mais ce calme était celui qui précède la tempête, un bouillonnement lent et sourd, un orage progressif qui fermente dans les cœurs. L'artisan frappait la terre, rejetait ses outils, les reprenait et les aiguisait sur le pavé. Mangin faisait afficher une ordonnance portant défense aux établissemens publics de recevoir et de donner à lire les journaux indépendans qui oseraient braver le coup d'état. Avant la fin du jour, des groupes nombreux se formaient de toutes parts, on s'assemblait au Palais-Royal, on se parlait, on se consultait, on proposait la résistance. Quelques citoyens montaient sur les chaises du jardin, et haranguaient la foule attentive. Leurs paroles trouvaient des échos, et l'indignation devenait générale.

Bientôt la foule se porta dans la galerie

d'Orléans, devant le bureau du *Régénérateur*, journal publié par M. le marquis Chabannes. Trois transparens y fixaient les regards par leurs dessins, et par trois quatrains contre les ministres et les prêtres. On les lisait, on les copiait. Un piquet de gendarmerie voulut dissiper ce rassemblement, il fut hué; un commissaire de police survint, et comme la porte du bureau était fermée, il fit enfoncer une glace pour l'ouvrir en dedans. La foule ne s'en dispersa pas plus vite; les gendarmes alors eurent recours à leurs bayonnettes, et la multitude s'éloigna en murmurant. Elle se rassembla sur la place du Palais-Royal, où la garde royale du poste du service du palais continua à la repousser avec grand peine. Le soir même, tout Paris connaissait ces attroupemens; et au besoin d'ordre légal qu'éprouvait la nation succédait une soif de vengeance, dont

Le 27 au matin, tout Paris avait le mot
de la cruelle énigme, il savait que la liberté de la presse était suspendue, les élections annulées, la charte anéantie. Les
commissaires de police et les gendarmes
assiégeaient les bureaux des feuilles libérales pour saisir les presses, briser les for-
mes et violer les dépôts à force ouverte.
Partout les rédacteurs refusèrent d'obéir;
il fallut enlever les serrures pour pénétrer
dans les imprimeries. Mangin prévoyant
une grande résistance, et jaloux d'imiter
les massacres de son prédécesseur Delavau,
faisait appeler le commandant de la gendarmerie, et lui proposait d'arrêter tous les
pairs et députés de l'opposition, — « Que
pensez-vous de cette mesure? lui deman-
dait-il. — Elle serait excellente, si elle
était complète. — Que voulez-vous dire?
— Qu'aux pairs et aux députés il faut

joindre les journalistes. — J'y avais pensé. Mais faut-il tant de façon avec ces écrivailleurs? — Arrêtez d'abord les pairs et députés. — Donnez-moi un ordre. » Mangin pâlit et n'osa pas signer.

Sur ces entrefaites, le vin et l'eau-de-vie étaient prodigués aux casernes, des cartouches arrivaient aux troupes, et la garde royale recevait 10 francs de haute-paie par homme. Quant au peuple, son mouvement insurrectionnel et ses préparatifs de résistance s'organisaient principalement dans les quartiers Saint-Martin, Saint-Denis et au Palais-Royal. On y distribuait gratuitement les feuilles libérales avec une admirable protestation de leurs gérans et rédacteurs. Comme la veille, des orateurs montaient sur des chaises, sur des tables. La foule toujours croissante inondait les péristyles, les galeries et le jardin. A midi on fit évacuer ce jardin, et de nombreux détachemens de gendarmes à pied et à cheval chassèrent le peuple, non-seulement de l'enceinte du Palais-Royal, mais encore de la place de ce nom. Mais cette fois il ne se sépare pas, il encombre les rues Saint-Honoré, de Richelieu, Valois, Fromenteau, de Chartres, Saint-Thomas-du-Louvre. Les écoles de droit et de médecine accourent en masse. Pour ne pas être foulés au pied des chevaux, des citoyens montent sur les décombres du pavillon qu'on abat vis-à-vis le café de la Régence afin de continuer la galerie de Nemours. La gendarmerie les y assiége, le peuple fait pleuvoir des pierres, et ayant repoussé les gendarmes, descend et se replie sur la rue Saint-Honoré, où il est poursuivi. Quelques citoyens seulement portaient des cannes, le reste était sans armes.

A deux heures, une nouvelle troupe de citoyens armés de bâtons débouche de la rue Saint-Honoré, et s'avance sur la place du Palais-Royal. La gendarmerie accourt au galop, mais eux l'attendent, et cinq gendarmes sont désarçonnés. Les assaillis deviennent assaillans. A la vue des femmes, des enfans, des vieillards foulés aux pieds des chevaux, leur indignation éclate, ils se saisissent de deux voitures de briques destinées aux constructions du Palais-Royal, et les font pleuvoir sur la gendarmerie. L'affluence du peuple augmente, et s'étend bientôt jusqu'aux quais et aux boulevarts. Dans la rue Saint-Martin, une quarantaine de jeunes gens sortis, dit-on, de l'imprimerie de M. Fain, s'avance aux cris de vive la charte! et sans autres armes que des manches à balais. Il sont chargés par les gendarmes.

Vers trois heures, on entend une détonation d'armes à feu. Un instant après, la gendarmerie fait usage de ses pistolets. Les coups de feu, loin de diminuer l'audace du peuple, ne font que l'accroître. Les attaques deviennent plus fréquentes et plus terribles.

A sept heures arrivent sur la place deux compagnies du 5e de ligne et huit compagnies du 3e de la garde. Les gendarmes maltraités sont remplacés par la ligne, dont l'officier refuse énergiquement de commander le feu. La garde, la gendarmerie et deux escadrons de lanciers la remplacent avec empressement, et divisés de chaque côté de la rue, font des décharges sur le peuple. Jusqu'à la nuit, le bruit de la mousqueterie ne discontinue pas dans les rues Saint - Honoré, de Richelieu, des Bons-Enfans, de Valois et de Rohan. Déjà quelques pavés étaient arrachés pour arrêter les charges de cavalerie. Les victimes étaient nombreuses parmi les élèves de l'École de Droit et de Médecine qui, au lieu de fuir, se ralliaient sous le feu de l'ennemi. Enfin une ordonnance royale, datée de Saint-Cloud, déclarait Paris en état de siége, et donnait le commandement de la 1re division militaire à l'infâme Raguse. C'était une déclaration de guerre à mort.

La nuit venue, il fallait voir déjà quelle attitude! Les théâtres étaient fermés; on s'appelait dans les ténèbres; on se jetait les premières armes qu'on rencontrait : « Des « armes! donnez-nous des armes! » criait-on de toutes parts. En un instant les boutiques des armuriers sont envahies : sabres, pistolets, poignards, poudre, balles, tout est enlevé, à l'exception des objets de luxe. Plusieurs armuriers livrent eux-mêmes leur fortune avec empressement : sur le quai de la Ferraille, ils embrassaient et félicitaient les jeunes gens. Une centaine de braves ainsi armés attaquent le poste de gendar-

merie de la halle : ils sont repoussés, mais
sans grande perte. En revanche, le sang
coule à flots dans la rue Saint-Honoré. On
pouvait alors évaluer seulement de quatre
à cinq mille les citoyens armés de fusils :
le reste n'avait que des sabres, des pistolets, des baïonnettes, des bâtons ou des outils; tandis que la garnison de Paris se composait de 12,000 hommes de Garde royale
française et suisse, et de six mille hommes
de ligne, soutenus par une artillerie for-
midable.

Cependant déjà commençait cet admirable accord de mesures populaires, exé-
cutées sans concert préalable, et comme
par une espèce de généreux instinct. On
dépavait les rues : partie des pavés était
montée dans les maisons, et le reste employé à faire de hautes et fortes barricades
à tous les débouchés importans. On garnis-
sait, en outre, les fenêtres de tuiles et de

fragmens de bouteilles; on brisait les réverbères; et tous les points de Paris, jusqu'au
fond des faubourgs, étaient dans une ob-
scurité complète. L'horizon n'était éclairé
que par la lueur de l'incendie du corps-de-
garde de la Bourse, dont le peuple avait
chassé les gendarmes. Partout des légions
de combattans s'improvisaient. A l'abri de
nombreux retranchemens, les citoyens com-
mençaient un feu bien nourri, et cependant
tel était l'ordre de ces terribles préparatifs,
que pas un acte répréhensible n'était commis.

Les troupes, sentant l'impossibilité de
se maintenir dans les rues, se replièrent
vers la place Vendôme et les Tuileries, et
le feu cessa. Mais les citoyens ne s'endor-
mirent pas dans une fausse sécurité : ils passèrent le reste de la nuit à se fortifier et à
se procurer des armes. Déjà les dispositions
de la ligne n'étaient plus douteuses : le 50e

et le 5ᵉ avaient déclaré qu'ils ne feraient pas feu, et les cris de *vive la Ligne* se mêlaient chez le peuple à ceux de *vive la Charte!* Quant aux gendarmes, habitués à sabrer des femmes, des enfans et des vieillards, la vue d'étudians armés commençait à leur faire perdre contenance, et ils auraient bien volontiers déposé les armes sans la présence de leurs chefs.

~~~~~~

CHAPITRE VIII.

Journée du 28. Les cadavres promenés. Les postes enlevés. — Combats à l'hôtel-de-ville. Premiers gardes nationaux. Le pont d'Arcole. — Le faubourg St-Germain. Les rues St-Denis et St-Martin. Le général Walhs. — Le quartier St-Antoine. Héroïque résistance. Le drapeau tricolore et le tocsin. — La garde royale en retraite. Officiers démissionnaires. — Le tribunal de commerce. Laffitte et Raguse. Nouveaux préparatifs de défense. Réunion de députés. Le général Lafayette à une heure du matin.

————

LA fusillade avait continué jusqu'à trois heures du matin sur plusieurs points, et principalement dans la rue Saint-Honoré, qui était jonchée de morts. Quelques cadavres furent promenés aux faubourgs Saint-

Antoine et Saint-Marceau, pour engager les habitans à prendre les armes. Partout retentissaient des cris de colère et de vengeance. L'armée nationale paraissait innombrable; mais on ne pouvait guère évaluer à plus de 18 mille hommes le nombre de ceux qui étaient armés de fusils et munis de cartouches. Des détachemens d'artisans parcouraient les rues, faisant abattre partout les armes royales pour les traîner dans la boue et en former des feux de joie : on en pendait quelques-unes aux cordes veuves des réverbères.

A neuf heures, presque tous les postes occupés par la gendarmerie et la ligne avaient été successivement enlevés. Une heure après, cent ouvriers environ du quartier de la halle, dont quelques-uns seulement sont armés de vieilles épées et de mauvais sabres, se dirigent vers la Seine, débouchent devant le pont au Change, désarment les gendarmes du poste du Châtelet, et s'avancent en bon ordre vers l'hôtel-de-ville, défendu par un nombreux détachement de gendarmerie à pied et à cheval. Au milieu de la place de Grève, ils s'arrêtent, et envoient trois parlémen- taires, qui sont reçus à coups de fusils. La masse riposte, les gendarmes résistent, les munitions des citoyens s'épuisent; alors ces braves s'élancent sur les baïonnettes de leurs ennemis, luttent avec eux corps à corps, et les mettent en déroute, après avoir conquis leurs armes et fait quelques prisonniers.

Au bout d'une demi-heure, le tambour se fait entendre; un détachement de garde royale s'avance vers l'Hôtel-de-Ville; il est repoussé jusque sur le quai, et assailli en queue par une autre troupe d'ouvriers qui débouche au pont Notre-Dame. Les gar- des royaux cherchent à se faire jour à la bayonnette; quelques-uns y réussissent, d'autres se jettent dans la rivière; le reste est massacré. Des rassemblemens immenses se portaient, sur ces entrefaites, dans toutes

les rues voisines du Palais-Royal, des bou.
levarts, des quais ; les élèves des écoles de
droit et de médecine cherchaient des armes
et des munitions ; les premiers gardes nationaux paraissaient avec leurs fusils.

Cependant Raguse était parvenu à rallier
deux mille hommes de gendarmerie, de
garde royale, de troupe de ligne et de
Suisses. Il y avait joint, en route, un esca-
dron de cuirassiers, un autre de lanciers,
et quatre pièces de canon. Il suit les quais,
s'empare du Pont-Neuf, et se met inconti-
nent en marche vers l'Hôtel-de-Ville. Une
canonnade et une fusillade affreuses s'en-
gagent ; les artisans ne pâlissent pas ; des
fenêtres des maisons pleut une grêle de tuiles et de pavés ; la place est couverte de
cadavres ; enfin, après une heure d'un combat acharné, les ouvriers, manquant de
cartouches, évacuent l'Hôtel-de-Ville par
les derrières. Aucun excès n'y avait été

commis durant leur séjour. A peine la garde royale s'y est-elle installée, que les appartemens du préfet sont dévastés et la cave mise au pillage.

Mais bientôt les citoyens reviennent à la charge. Ils sont soutenus par la fusillade des maisons de toutes les rues environnantes, du quai de la Cité et de la pointe de l'île Saint-Louis. Un jeune homme, portant un drapeau tricolore, guide une troupe de citoyens par le pont suspendu. Il tombe percé de balles, et le pont prend le nom glorieux de *Pont d'Arcole*. A neuf heures du soir, les troupes royales ne se battaient plus que pour opérer, à travers les tirailleurs, une retraite qui devenait de plus en plus difficile. Elles se rallièrent dans la rue du Mouton, et n'ayant pu s'ouvrir un passage par les rues adjacentes, suivirent le port au Blé, le quai des Célestins, et disparurent. Vers minuit, les citoyens furent définitivement maîtres de l'Hôtel-de-Ville, et la garde nationale y établit un poste nombreux.

Depuis la matinée précédente, la population de la rive gauche de la Seine, guidée par les élèves de l'Ecole Polytechnique et des écoles de Droit et de Médecine, enlevait les postes de la ligne, de la gendarmerie, des vétérans, et s'armait avec les fusils du régiment caserné rue du Foin. L'Arsenal et la Préfecture de Police ouvraient leurs portes au peuple soutenu par les pompiers. A deux heures, la poudrière d'Ivry, l'Abbaye et Montaigu étaient aux citoyens. Les militaires détenus furent délivrés et devinrent des chefs utiles. On rendit aussi la liberté aux prisonniers pour dettes de Sainte-Pélagie, parmi lesquels on trouva plusieurs officiers expérimentés.

Cependant la garde royale disputait au peuple les quartiers Saint-Denis et Saint-

Martin, et toute la longueur des boulevarts depuis la Madeleine jusqu'à la Bastille. Depuis le jour, elle faisait jouer l'artillerie dans ces différens quartiers. Les citoyens abattaient les arbres pour rendre nuls les efforts de la cavalerie. Les tuiles et les pierres pleuvaient des fenêtres. Des tirailleurs embusqués harcelaient l'ennemi. Les lanciers, qui partout se faisaient remarquer par leur ardeur à verser le sang, éprouvaient une perte considérable. Hommes, femmes, enfans, tous les pourchassaient sans pitié. L'officier commandant en chef la garde royale, atteint d'une blessure grave dans la rue Saint-Denis, fut porté par des soldats chez les sœurs de l'église Bonne-Nouvelle. La porte ne s'ouvrant pas à temps, il lui fallut chercher un autre asile, et renversé, foulé aux pieds, il mourut dans d'horribles angoisses.

La porte Saint-Denis, occupée alternativement par les citoyens et par les soldats royaux, fut le théâtre d'un combat acharné, jusqu'à huit heures du soir. Du haut de la porte Saint-Martin, des citoyens faisaient pleuvoir sur la troupe une grêle de pavés, de tuiles et de fragmens de bois. D'autres engagemens avaient lieu au Palais-Royal, dans la rue Saint-Honoré, dans la rue Montmartre et dans la rue Dauphine. Une colonne d'infanterie et de cavalerie, dirigée par le général Wallis, commandant la place de Paris, fut mise en désordre dans la rue Montmartre à la hauteur de la rue de Cléry, et obligée de se retirer vers la place des Victoires. Le même mouvement rétrograde avait lieu à la porte Saint-Denis et à la rue Mandar. Ces rues étant débarassées, le peuple se porta sur le boulevart que le régiment de cuirassiers avait été forcé d'abandonner, mais l'infanterie et l'artillerie combattaient toujours. Cette démonstration décida leur retraite, et une heure après, elles se dirigeaient vers les Champs-Elysées.

Dans le quartier Saint-Antoine des cuirassiers qui avaient stationné la veille jusqu'au jour, depuis le pont du canal de la Villette jusqu'au Temple Protestant, reprirent ce poste dès huit heures du matin, appuyés sur un détachement du 50ᵉ de ligne qui s'étendait de la rue Castrex à la rue du petit Musc, et qui était lui-même flanqué par un piquet de gendarmerie qui s'étendait de la rue du petit Musc à la rue Beautreillis. Un officier d'infanterie défendit à ses soldats de faire feu. Vers onze heures, des gendarmes, des lanciers, des grenadiers de la garde débouchant avec de l'artillerie par le boulevart du Temple, passèrent le pont du canal, et entrèrent dans le faubourg Saint-Antoine. Ils y furent acueillis par une vive fusillade, et battirent en retraite après un combat de quatre heures.

Ils se portèrent alors vers la rue Saint-Antoine pour aller donner du secours à l'hôtel-de-ville. A la hauteur de la rue Beautreillis, ils enlevèrent une barricade qu'ils armèrent de deux canons pour s'emparer de la barricade suivante. Vains efforts! Arrivés entre l'église Saint-Paul et la rue Geoffroi-Langevin, cavaliers, fantassins, accueillis à coups de fusils par les tirailleurs, à coups de pierre et de tuiles par les femmes et les enfans, se virent contraint de se retirer par le boulevart Bourdon. Des maisons entières avaient été découvertes, et les tuiles lancées sur les gendarmes.

Tandis qu'on se battait de toutes parts, des citoyens avaient arborés un drapeau tricolore sur les tours de Notre-Dame. Le tocsin sonnait dans plusieurs paroisses.

La guerre était calme, méthodique. Des détachemens de garde nationale, échelonnés sur les quais des Augustins, Voltaire, Malaquais, soutenaient les rassemblemens, et échangeaient des coups de fusil avec les Suisses du Louvre et des Tuileries. Au Palais-Royal, le feu avait duré toute la journée. Les fenêtres étaient brisées dans les rues Saint-Honoré, Valois, Croix-des-petits-Champs, Montesquieu et des Bons Enfans. Au 3e de la garde s'étaient joints quelques compagnies du 6e, mais point de gendarmerie à cheval, elle avait éprouvé la veille trop d'échecs. La gendarmerie à pied stationnait au portes du Palais-Royal, mais ne tirait pas. La garde seule chargeait le peuple. Des bidons de vin et d'eau-de-vie joints à une chaleur de 23 degrés, jettaient les soldats dans une exaspération qui tenait de la fureur. Ils traquaient tous les passans, et, à quatre heures, ils avaient

13

arrêté plus de cent personnes. Il était presque impossible de passer sur la place, sans recevoir une balle. Plusieurs maisons étaient occupées militairement. Le soir on ne vit que quelques gendarmes. Les soldats royaux avaient disparu en apprenant que les 5e, 15e et 50e régimens de ligne s'étaient réunis au peuple, et que leurs camarades de la garde avaient été complétement défaits sur plusieurs points.

Cette garde, la veille encore si belle, maintenant toute délâbrée, avait profité de la nuit, pour se retirer dans le quartier des Tuileries, sur les quais, sur la place Louis XV et au Champs-Elysées. Elle était effrayée de voir ses mains souillées du sang du peuple, et plusieurs officiers, entre autres le neveu du célèbre Turgot et M. Raoul de la Tour-du-Pin, envoyaient leur démission à M. de Polignac. Ce qui restait de troupe de ligne dont la reddition ne s'était

pas faite le matin, fraternisait avec les citoyens, aux cris de *vive la Charte*. La ville,
dont les réverbères avaient été cassés, offrait un aspect sinistre, la population était
debout et en armes, l'autorité s'abandon-
nait elle-même, les ministres fuyaient,
Mangin avait disparu, et pourtant, sans
police, aucun délit ne se commettait, aucune vengeance particulière n'était exercée.

Dans la journée, le tribunal de commerce, présidé par M. Ganneron, avait
protesté courageusement contre les fatales
ordonnances, en condamnant, même par
corps, l'imprimeur Gautier-Laguionie à
confectionner le *Courrier français*, auquel il refusait ses presses. M. Laffitte,
membre de la Chambre des députés, accompagné de ses collègues MM. Gérard,
Lobau, Casimir Perrier, et Mauguin, était
allé porter, au nom des députés présens à
Paris, des paroles de paix au gouvernement.

Il fut reçu par le duc de Raguse, qui lui dit :
« Je gémis de tout cela comme vous ; mais
l'honneur militaire consiste dans l'obéis-
sance. — L'honneur civil consiste à ne
point égorger les citoyens sans défense. —
Que proposez-vous? — La révocation des
ordonnances, le renvoi du ministère, et le
rétablissement de la garde nationale. —
Comme citoyen, j'approuve vos propositions, et je partage l'opinion qui les a dic-
tées. Dans une demi-heure je les mettrai
sous les yeux du roi; mais, au surplus,
M. de Polignac est ici près : si vous voulez
en conférer avec lui, je vais le prévenir. »
Il entre dans le cabinet, et en sort, un instant après, la figure altéré, en disant à
M. Laffitte que le prince avait répondu,
que, si ville n'avait pas d'autres propositions
à faire, ce n'était pas la peine d'entrer en
conférence. « Ainsi, dit M. Laffitte, c'est
la guerre civile. » Raguse s'inclina, et tout
fut rompu.

La nuit fut employée à continuer à dé
paver les rues, et à faire des barricades. On
amoncela des poutres, des pièces de bois,
on remplit des futailles de pavés, on s'em-
para de voitures publiques, qu'on coucha
en travers des rues. Au point du jour plus
de six mille barricades coupaient Paris, et
en rendaient le passage impossible à la cavalerie et à l'artillerie.

Déjà les députés s'étaient réunis plusieurs
fois. Le 27, ils avaient publié une protestation énergique; et en dernier lieu, dans
cette même journée du 28, ils s'étaient as-
semblés chez M. Bérard. On s'était ajourné
à 9 heures chez M. Audry de Puyraveau; là
on discuta beaucoup, on ne décida rien : il y
eut encore ajournement pour le lendemain à
midi. Le général Lafayette sortit le dernier
avec le colonel Dumoulin; il était soutenu
par M. de Lastéry, son petit-fils, et par
son digne ami, M. Carbonnel. Sa voiture

stationnait près de la rue Coquenard,, voyage long et pénible à son âge ; ses compagnons étaient obligés à chaque instant de déranger les barricades pour lui frayer un chemin, et, en outre, de satisfaire aux questions des patrouilles, étonnées de voir le général Lafayette à une heure du matin dans les rues de Paris. En quittant M. Dumoulin, il lui donna l'assurance que, dévoué à la cause de la liberté, il était prêt à tout faire pour en assurer le triomphe.

CHAPITRE IX.

Journée du 29. — Serviteurs de Charles X. Les
généraux Dubourg et Gérard. — Attaque et prise
du Louvre. L'enfant-héros. — Le musée d'artillerie et la caserne de Babylone. — Le musée
royal. Dévéria. Le tableau du sacre. — La prise
des Tuileries. Le trône et l'élève de l'école polytechnique. Les bustes de Louis XVIII et de
Charles X. — Le brave à genoux. La trahison. La
victoire. — Prise de l'archevêché et de Mont-
Rouge. Le baril de poudre, les poignards, les
chemises de femme. Aspect de la cour. Les
trois communions. Les députés. La garde nationale. — MM. Lafayette, Audry-de-Puyraveau,
Dumoulin et Choiseul.

Le 29, dès le point du jour, quelques
serviteurs de Charles X, éclairés sur l'état
des choses, et sur les dangers de la famille
royale, se rendirent à Saint-Cloud, et con-
jurèrent Polignac de donner sa démission,
et le roi de révoquer ses ordonnances ; tout
fut inutile, et pourtant la garde nationale
occupait l'Hôtel-de-Ville, le drapeau tricolore flottait presque partout, des chefs

prenaient le commandement des citoyens; le général Dubourg dirigeait une colonne qui s'emparait de la Bourse, le général Gérard guidait de nombreux détachemens qui menaçaient le Louvre et les Tuileries. La garde royale, stationnée en grande partie, ou plutôt couchée sur la place Louis Quinze, refusait de poursuivre. « Qu'on nous tue, disaient-ils; nous ne pouvons plus faire l'odieux métier auquel on nous condamne depuis deux jours. »

Cependant les forces parisiennes se portaient vers le Louvre, où des corps de la garde royale française et suisse s'étaient retranché avec du canon, et faisaient une résistance digne d'une meilleure cause. Placés aux fenêtres du premier étage, et rangés sur la terrasse formée par la belle colonnade de Perrault, ils entretenaient un feu meurtrier sur la place de Saint-Germain-l'Auxerrois. Les constitutionnels ripostent de la rue des Prêtres, de la rue Chilpéric, du quai de l'Ecole, de l'église Saint-Germain et des combles de l'Institut. Les façades de ces deux édifices sont criblées de balles. A dix heures le faubourg Saint-Marceau, sous les ordres de l'école

polytechnique, marche à l'esplanade des
Invalides, ralliant en route le faubourg
Saint-Germain. Le musée d'artillerie est
pris, et l'on y trouve des armes abondantes. On se dirige ensuite vers la caserne
des Suisses de la rue de Babylone. Il avaient
fermé leurs portes, s'étaient retranchés
dans leurs chambres et avaient garni leurs
croisées de paillasses et de matelats. Un
élève de l'école polytechnique fut tué. A
cette vue la rage des assaillans est à son
comble. Ils réunissent de la paille, les habitans du voisinage apportent leurs paillasses, on y met le feu, et, protégés par
une épaisse fumée, les citoyens enfoncent
et escaladent les portes. Beaucoup de suisses sont massacrés, quelques-uns s'enfuient,
d'autres se rendent. Les vainqueurs se re-
tirent traînant deux pièces de canon et
des habits des vaincus, dont ils se distri-
buent des fragmens. Les habitans de la
rue de Sèvres leur offrent du pain et du vin
en abondance, mais tous d'une voix una-
nime exigent que le vin soit mêlé d'eau.

L'attaque du Louvre continuait avec
acharnement. Du sommet de la maison
habitée par M. Dupuytren, une demi-dou-

zaine de tirailleurs chassent les suisses de la terrasse et de l'entre-colonnement; et, pendant qu'un fort détachement se porte au pas de charge contre les grilles, les brise et pénètre dans la cour, un enfant de quinze ans, gravissant le long d'une conduite en bois destinée à descendre les déblais et le plâtras, parvient sur la terrasse et en prend possession. Vers midi, tout ce qui se trouvait au Louvre des troupes royales, se rendit ou se reploya sur les Champs - Élysées; une multitude de citoyens avait perdu la vie.

Dans la partie du Musée, les portes étaient à peine forcées, que plusieurs artistes, M. Devéria, peintre, M. Lemaire, statuaire, armés aux dépens de la garde, se mirent avec M. Cailleux à la tête des gardiens, et firent évacuer la galerie aux cris de *vive la charte! et vive la liberté!* On n'aura à regretter aucun chef-d'œuvre. Une seule balle a frappé le tableau de l'entrée d'Henri IV. Quant à la pâle image du sacre de Charles X, elle a été mise en lambeaux.

Après la prise du Louvre, le combat fut des plus acharnés dans la rue Saint-Honoré, la rue de Chartres, dans toutes les petites rues qui débouchent sur le Carrousel et la rue de Rivoli, ainsi que sur le quai des Tuileries. On marchait de toutes parts contre le château. Un élève de l'école polytechnique, monté sur un magnifique cheval, voyant hésiter les colonnes constitutionnelles, s'écrie : « C'est ici qu'il faut vaincre ou mourir. » Il s'élance à travers la fusillade, on le suit, et le drapeau tricolore est arboré sur l'antique habitation des rois. La garde royale se replie sur les Champs-Elysées.

Entré au château à 4 heures, le peuple brisa quelques meubles et but quelques bouteilles de vin. Mais aucun objet de prix ne fut détourné. Le linge et l'argenterie furent envoyés aux hospices par des hommes qui n'avaient pas de bas. Ils placèrent sur le trône un élève de l'école polytechnique tué dans les appartemens, brisèrent le buste de Charles X, et voilèrent d'un crêpe noir celui de Louis XVIII, en s'écriant : « Respect à l'auteur de la charte. »

Il ne restait à prendre que le poste du Palais-Royal. Un bataillon du premier de

la garde occupait l'intérieur et les cours.
Des compagnies du troisième et du sixième
étaient retranchées dans les maisons voisines. A une heure un soldat annonce que
les troupes réunies aux Champs-Élysées,
ont demandé et obtenu une suspension
d'armes. Un gendarme sort du corps de
garde, et parcourt la place un mouchoir
à la main, criant de toutes ses forces :
« Ne tirez plus, ne tirez plus!... Les
gardes royaux n'en tinrent aucun compte.
La prière de cinquante citoyens débouchant de la rue Saint-Honoré, n'est pas
mieux accueillie. Alors un jeune homme
pose son fusil, se met à genoux devant les
croisées dont les coups partent, découvre
sa poitrine, et dit : « Je vous en supplie,
mes frères, ne tirez plus. S'il vous faut encore du sang, prenez-le mien... » Deux
ou trois coups de fusil se font encore entendre durant cette action sublime, puis
le calme revient, on aborde les gardes
royaux, on se serre la main à travers les
grilles, les portes s'ouvrent, on frater-
nisa et l'on va au corps de garde de la gendarmerie à pied, qui rend armes et munitions.

Tout-à-coup une voix crie : « Ne posez pas vos armes, citoyens! Nous sommes trahis....! » et aussitôt un bruit terrible de mousqueterie retentit dans la rue de Chartres et sur la place. On ne sait où fuir la mort. Cependant on se rallie, on dirige ses efforts contre les maisons où la Garde est retranchée. Le feu dure plus de deux heures : quatre fois il est interrompu, quatre fois le peuple exhorte vainement les soldats à se rendre ; enfin, faute de cartouches, ils cessent de tirer : plusieurs sont massacrés, d'autres promenés aux cris de *vive la Charte!* et un grand nombre mis en liberté.

Pendant le siége du Louvre et des Tuileries, une colonne de Constitutionnels se porta sur l'archevêché, où elle trouva un baril de poudre et des poignards récemment aiguisés. A cette vue, on brise les meubles, on déchire les ornemens, on jette tout pêle-mêle dans la rivière, à l'exception des vases, qu'on porte à l'Hôtel-de-Ville, des matelats, des draps et du linge, qu'on remet à l'Hôtel-Dieu : on trouva dans les armoires de Monseigneur des chemises de femme. De l'archevêché, les masses armées se portèrent au repaire de Mont-Rouge, dont ils brisèrent également le riche mobilier.

Les gardes du corps de l'hôtel d'Orsay s'étaient rendus aussitôt la prise des Tuileries. La garde royale se dirigeait sur Saint-Cloud par Neuilly. Arrivée au pont de ce village, elle le trouva barricadé, et les paysans accueillirent les soldats à coups de fusil : forcés de revenir sur leurs pas, ils se jetèrent dans le bois de Boulogne, et arrivèrent à Saint-Cloud harassés de fatigue, et maudissant leurs officiers. La Cour était dans la plus grande consternation. Charles X se préparait à communier pour la troisième fois. Il avait fait rapporter, la veille, les fatales ordonnances, et parlait d'abdiquer en faveur du duc d'Angoulême : il était trop tard : le nom du duc d'Orléans retentissait à ses oreilles. Les députés présens à Paris, se jugeant suffisamment autorisés par la gravité des circonstances, se réunissaient, et nommaient, pour veiller aux intérêts publics, MM. Audry de Puyraveau, le comte Gérard, J. Laffitte, le comte de Lobau, Mauguin, Odier, Casimir Perrier, et de Schonen. La garde nationale était rétablie, et confiée au commandement du général Lafayette. Ces nouvelles furent annoncées au peuple parisien par trois proclamations, qui vinrent augmenter le nombre de celles qui avaient tapissé les murs durant ces jours de crise, et qui, jointes aux journaux gratuitement affichés avec profusion, n'avaient pas peu contribué à entretenir le patriotisme et la résistance.

Le colonel Dumoulin avait passé la nuit qui précéda cette journée décisive à visiter les postes de l'hôtel-de-ville et les gardes avancées, leur annonçant qu'ils auraient des chefs, et que le gouvernement provisoire était instalé. A 5 heures du matin, ce brave militaire entre chez M. Audry de Puyraveau, et lui peint les dangers de la position, les troupes royales occupant le Louvre, les Tuileries, et pouvant faire un coup de main sur l'hôtel-de-ville, et tous ces braves gens combattant sans chef et sans drapeau. A ce récit, M. Audry de Puyraveau, dans l'explosion d'une âme brûlante, s'écrie : « Faites de moi ce que vous voudrez : je dévoue ma tête au salut de ma patrie. » M. Dumoulin appelle alors les employés de la maison de roulage du courageux député : « Vous

êtes dans ce moment, leur dit-il, *secré-
taires-d'état de la liberté* »; et il leur dicte
les premiers ordres du jour et les premières
proclamations du gouvernement provisoire.
Quatre gardes nationaux en grande tenue
les portent aux journaux. L'enthousiasme
est à son comble.

Chez M. Laffitte, on décide que le général Lafayette ira de sa personne occuper
l'hôtel-de-ville : il y est accompagné du
colonel et de M. Audry de Puyraveau, qui,
à l'aspect de cette place monumentale re-
tentissant des cris de la victoire et étince-
lante des couleurs nationales, ne peut re-
tenir l'effusion de son cœur, et serre dans
ses bras tous les citoyens qu'il rencontre.
M. le duc de Choiseul, dont le nom avait
été porté à son insu parmi ceux des *membres du gouvernement provisoire ayant
occupé ces fonctions*, accepta en silence
tous les dangers à l'heure du combat, et
déclara, au moment de la victoire, que jamais il n'avait fait partie de ce gouvernement, et que même la proposition ne lui
en avait été jamais faite.

CHAPITRE X.

Lieutenance-générale du Royaume. Le duc d'Orléans. Opposition. Il arrive à Paris. Proclamation. — Commission municipale. Ministres pro-
visoires. Camp de Vaugirard. Officiers de
l'ancienne armée. Déclaration au peuple. — Les
députés près du lieutenant-général. Le lieutenant-général à l'Hôtel-de-Ville. D'Orléans et
Lafayette. Triomphe. — Situation de la cour.
La partie de wisk et la partie de chasse. Les
grands enfans qu'on fouette. — Raguse déclaré
traître par les Bourbons. L'épée et la selle. Les
arrêts et le dîner. M. de Mortemart. La parole
de Charles X. La main tremblante. — Saint-
Cloud et Rambouillet. — Les Chambres. L'abdication. — Nouvel acte de folie. Le peuple et
les diamans. — Henri V. Marche royale. Espoir
déçu. Cherbourg, physionomies, embarque-
ment. Navires de Joseph Napoléon. Suite de
Charles X. Départ. — Le duc d'Orléans roi des
Français. Le monument des braves.

Le vendredi 30 juillet, tout était tran-
quille, les boutiques s'ouvraient, les mar-
chés étaient approvisionnés, on attendait
l'ennemi sans le craindre, les barricades
se perfectionnaient, on enterrait les morts,

14*

on transportait les blessés des maisons parti-
culières dans les hôpitaux. Comme la veille,
les députés s'assemblèrent chez M. Laffitte.
La majorité fut d'avis que la lieutenance-
générale du royaume serait offerte au duc
d'Orléans. Il y eut néanmoins quelque opposition : on objecta que ce prince avait
émigré, et qu'il était gendre de ce roi de
Naples qui a vendu son peuple à l'Autri-
che; mais le plus grand nombre répondit
que, dans sa jeunesse, il avait franchement
adopté les principes de la révolution, combattu à Jemmapes, à Fleurus, et qu'on évi-
terait ainsi probablement la guerre étran-
gère. Une députation lui fut donc envoyée
à Neuilly : le soir même, le prince revint
au Palais-Royal, et le lendemain il fit afficher une proclamation aux Parisiens.

A une heure, les députés s'assemblèrent
dans le lieu ordinaire de leurs séances. Une
commission municipale fut nommée : elle se
composait de MM. Laffitte, Perrier, Lobau,
de Schonen, Audry de Puyravau, Mauguin.
Les portefeuilles et les hautes administra-
tions furent confiés provisoirement à Messieurs Louis, Gérard, de Rigny, Bignon,
Guizot, Broglie, Delaborde, Bavoux, Char-

del. Le général Gérard ouvrit un camp, à Vaugirard, aux soldats de toutes armes, errant sans drapeaux et sans chefs; les officiers de l'ancienne armée furent invités à se faire inscrire dans leurs mairies respectives, et les citoyens engagés à ouvrir leurs boutiques. Enfin une déclaration au peuple français fut affichée et publiée partout : on décida que ce bail des droits de la nation serait porté au lieutenant-général du royaume par tous les députés présens : cette démarche fut remise au lendemain samedi 31.

Partis à 2 heures et demie, nos mandataires traversèrent le jardin des Tuileries et les rues adjacentes, au milieu d'une immense population parée des couleurs nationales, et qui faisait retentir l'air de ses cris de joie. La foule était immense sur la place du Palais-Royal; mais on se rangea pour laisser un libre accès aux députés de la nation. M. Laffitte lut au prince la proclamation; à chacun des passages, le lieutenant-général répondait par des marques du plus cordial assentiment. La lecture terminée, il s'exprima tout à la fois avec une émotion et une franchise qui produisirent le plus vif enthousiasme. Puis le prince et son état-major, sans autres gardes que le peuple, sans autre cortège que les députés, se mirent en marche vers l'Hôtel-de-Ville. Il était en costume d'officier-général, ne portant d'autre décoration que le ruban de la Légion-d'Honneur et la cocarde tricolore.

L'énivrement du peuple était à son comble, il se pressait, se confondait, se mêlait aux députés dont la marche était entravée par les barricades; puis, se tenant par la main et s'avançant ainsi transversalement, il s'écriait : « Voilà un ordre qui ne s'est jamais établi avec les gendarmes. » Le prince, le chapeau à la main, s'arrêtait souvent pour saluer cette héroïque population du geste et de la voix. Arrivé à l'Hôtel-de-Ville, dont les marches étaient couvertes de gardes nationaux : « Messieurs, leur a-t-il dit, c'est un ancien garde national qui vient rendre visite à son ancien général (le général Lafayette). » La proclamation fut lue de nouveau dans la grande salle de l'Hôtel-de-Ville par M. Viennet, député de l'Hérault.

La place, les quais, les deux rives, les rues adjacentes, les croisées, tout était encombré de citoyens parés des couleurs na-

tionales. Le duc d'Orléans et le général
Lafayette parurent bientôt sur le balcon
étroitement embrassés, et agitant le drapeau tricolore. Un tonnerre d'applaudisse-
mens et de cris les accueillit de toutes parts.
Le bruit du canon et de la mousqueterie
s'y mêlait, ainsi que le carillon de toutes
les cloches. Le prince rentra dans son palais, avec les mêmes acclamations et le
même cortège.

Que faisait la cour sur ces entrefaites?
Le mardi le roi jouait au wisk, et ordon-
nait une chasse pour le lendemain. Le mercredi, la duchesse de Berri disait, en en-
tendant la fusillade et le canon : « Il y a
là-bas de grands enfans qu'on fouette un
peu fort. » Bientôt, pourtant, la peur la
saisit, elle tremble pour la couronne. « Vous
êtes une folle, lui crie Charles X ; allez-
vous-en, et que je ne vous voie plus. » Le
jeudi, tous les ministres étaient aux Tuileries à 9 heures du matin; ils communi-
quaient entre eux par un souterrain, qui
conduit d'un pavillon à l'autre. Convoqués
à Saint-Cloud pour 4 heures, leur retraite
fut protégée par les troupes campées entre
les Champs-Élysées et les Tuileries. Charles

ignorait tout, et croyait régner encore. On donnait des ordres pour s'emparer des hauteurs, et bombarder la capitale.

Au moment où le duc de Raguse vint rendre compte de son affreuse mission, le duc d'Angoulême était à cheval à la tête de quelques troupes. « Vous êtes un traître, dit-il à Marmont. » Puis se tournant vers un garde-du-corps, il lui ordonna de recevoir l'épée du maréchal ; il la prit ensuite, et chercha à la briser de ses deux mains sur le pommeau de sa selle ; mais il se blessa maladroitement : Raguse fut envoyé par lui aux arrêts. Charles X blâma la conduite de son fils, mais se borna à restreindre à 4 heures la durée des arrêts du maréchal. Ce temps écoulé, l'heure du dîner arrivée, le couvert de Raguse était mis ; mais il ne parut pas à table.

M. de Mortemart fut bientôt envoyé par le roi pour traiter de son abdication, et même de celle du duc d'Angoulême en faveur du duc de Bordeaux, « voulant, disait-il, conserver dans sa famille un lambeau de la monarchie. » M. de Mortemart désirait une autorisation écrite. Charles X lui jura sa foi de gentilhomme, de chevalier et de chrétien, qu'il ne reviendrait pas sur ses engagemens. L'envoyé insistant pour avoir une signature, le roi répondit, en lui montrant sa main tremblante, qu'il n'était pas en état de signer.

Dans la nuit du 30 au 31, après une revue qui ne servit qu'à convaincre le duc d'Angoulême qu'il ne pouvait plus compter sur l'armée, la cour partit pour Trianon, et de là se rendit à Rambouillet, laissant aux Suisses et à la garde royale le soin de défendre Saint-Cloud. Ce château fut bientôt attaqué et pris par une cinquantaine de citoyens, ayant à leur tête trois élèves de l'Ecole Polytechnique. Repoussés par les lanciers, ils revinrent en plus grand nombre à la charge, et, après deux heures de combat, battirent complètement leurs ennemis, qui laissèrent les cours du château couvertes de morts, et emportèrent le colonel, le duc de Fimarcon, blessé mortellement.

Le 3 août, l'ouverture des Chambres a été faite par le lieutenant-général du royaume, dans la salle du Corps-Législatif, toute pavoisée des couleurs nationales. L'assemblée se composait de 300 membres environ, dont

60 pairs et 240 députés, tous en habits bourgeois. Le discours d'ouverture a été digne de la circonstance et du prince. Toutes les garanties ont été promises, et seront accordées. Le lieutenant-général annonce qu'il publiera l'acte d'abdication de Charles X et du duc d'Angoulême.

Cet acte est connu deux jours après, et à sa lecture, éclatent l'indignation et la pitié. Charles se dit *profondément peiné* des maux qui affligent *ses peuples*. Et qui les a produits, ces maux? qui a fait mitrailler les citoyens? *Ses peuples!* Non, la nation n'est le peuple de personne ; on ne la lègue point comme un vil troupeau à un malheureux enfant dont l'origine est un mystère. *Il abdique!* Eh! que nous importe? Qu'avons-nous à faire de votre abdication? Nous vous avons arraché la couronne, et nous la donnerons à qui bon nous semblera. Allons, partez, vous qui avez surpassé Charles IX, et que la postérité nommera *Charles le parjure*.

Mais il se ravise, demande un sauf-conduit pour lui et sa famille, et des commissaires pour traiter des conditions de son éloignement. Ces commissaires sont nom-

més, et partent pour Rambouillet. Tout-à-
coup éclate un nouvel acte de folie. A l'issue
de la messe, Charles X, qui a dissous l'héroïque Ecole Polytechnique, et mis le duc
d'Orléans hors la loi, envoie à Paris une
ordonnance par laquelle il nomme ce prince
lieutenant - général du royaume, revient
sur le coup d'état, convoque les Chambres
pour le lendemain 3 août, et déclare que
si l'on cherche à attenter à sa vie, à celle
de sa famille, ou à leur liberté, il se défen-
dra jusqu'à la mort.

Les commissaires arrivent à Rambouillet.
Le duc de Coigny seul est introduit. « Quels
sont vos collègues? demande l'ex-roi. —
MM. Jacqueminot, Schonen, Maison et
Odillon-Barrot. — Cela est bien vif. — Sire,
il serait à désirer que cela le fût davantage,
je répondrais plus sûrement de la vie de
V. M. — Nous n'en sommes pas là, monsieur, et je vous déclare que je ne recevrai
pas vos collègues. J'ai expédié à Paris une
nouvelle ordonnance. J'attends. »

Les commissaires revinrent alors à Paris.
A peine la nouvelle qu'ils apportaient fut-
elle connue, qu'on fit un appel de 500

hommes par légion de la garde nationale; ce qui eût fait un corps de 6,000 hommes; il s'en présenta 10,000, qui, sous le commandement du général Pajol, furent expédiés par des fiacres, des charrettes, des *omnibus*, par tous les moyens possibles de transport. Ces troupes, grossies dans leur marche par les gardes nationaux de Versailles, de Rouen, du Hâvre, offrirent bientôt une masse de 30,000 combattans qui bivouaquèrent à la vue des avant-postes de l'armée royale.

Le sang français pouvait couler encore. Charles X, effrayé, restitua les diamans de la couronne, et partit avec sa famille pour Cherbourg. Dès ce jour, le duc de Bordeaux fut appelé par tout son monde Henri V, et traité de *sire* et de *majesté*. La marche de la cour était ainsi composée : trois pièces d'artillerie, deux compagnies de gardes-du-corps, Charles X et le duc d'Angoulême à cheval, les duchesses d'Angoulême et de Berri, le duc de Bordeaux et Mademoiselle, dans une voiture ; puis quelques voitures de suite et deux autres compagnies de gardes-du-corps. On marchait au pas, dans un profond silence. Dans les villes et les villages, aucun cri ne se faisait entendre, et la population se découvrait.

La cour, depuis Saint-Cloud, conservait l'espoir d'être secourue et enlevée, soit par des troupes régulières, soit par des Vendéens ou des Chouans, et c'est pour cela qu'elle ralentissait sa marche. Lorsque le dauphin, sur l'invitation des commissaires, eut dissous la garde royale à Chartres, il dit tout haut aux officiers : « Je vous remercie, messieurs ; nous nous reverrons bientôt. » Et il distribuait des grades et des décorations. A l'arrivée à Cherbourg, le roi était en redingotte, sans marques distinctives. Il n'y avait sur son visage ni dignité ni calme : c'était une apathique résignation. Il donnait sa main à baiser à ses serviteurs, et ne parlait point aux commissaires. Le tic redoublé des muscles zigomatiques du duc d'Angoulême contrastait avec les sanglots de la duchesse d'Angoulême, qui pouvait à peine se porter. La duchesse de Berri tenait entre ses bras un petit chien noir ; elle avait l'air égaré par le chagrin ; sa toilette était plus que négligée. Le duc de Bordeaux donnait la main au baron de Damas, et sa sœur à madame de Gontaut. Tout ce monde était abattu et défait.

Arrivé à bord, l'ex-roi a reçu les commissaires; puis les passagers sont restés sur les navires, dont deux appartiennent à Joseph Napoléon monarque déchu, comme eux et maintenant réfugié aux États-Unis. Quel rapprochement! La suite est moins considérable qu'on ne l'avait annoncée. On a remarqué le maréchal Marmont, le Baron de Damas, le duc de Guiche, M. Ketzinger, M. O'Egerthy, le comte de Brissac, madame de Bouillé, Gaston de Bouillé mesdames de Ste-Maure, et de Gontaut, tout ce monde pleure et gémit.

Pas un cri, ni pour ni contre, n'a été proféré au passage et au départ de Charles X. un profond silence régnait partout; on eût dit un cortège de mort.

Un inspecteur des finances a fait porter à bord, pour Charles X, 600,000 fr. en or. A la débâcle de Rambouillet, la famille royale ne possédait pas plus de 150,000 f. Il paraît que M. de Girardin (des Chasses), avait été chargé d'offrir, de la part de notre roi, à Charles X, un apanage considérable, mais que celui-ci l'a formellement refusé, comptant sur le secours de la Providence, mot qu'il a sans cesse à la bouche. Aussi le maréchal Maison disait-il : « Ce n'est pas une résignation de roi, c'est une résignation de trapiste. » Le même mot ne peut s'appliquer au duc d'Angoulême.

La Hollande, les Pays-Bas, Jersey et Guernesey, sont interdits comme points de débarquement à l'ex-famille royale.

On devait mettre à bord des paquebots 15 hommes des équipages de ligne pour aider à la manœuvre ; mais, quand Charles l'a su, il a déclaré positivement qu'il ne s'embarquerait pas ; on les a remplacés par des marins des classes, pris à bord des bâtimens de la rade.

Le pilote qui a conduit le paquebot hors du port, est revenu vers 7 heures ; et a rapporté qu'au moment où les princes ont vu s'éloigner les côtes de France, ils se sont abandonnés à la douleur la plus vive, et ont répandu des larmes abondantes. Mais partout, sur leur route, ni le spec-

tacle toujours attendrissant des grandes in-
fortunes de la vieillesse déchue, de l'enfance
vouée aux malheurs, n'ont pu émouvoir
des cœurs ulcérés par un règne dont le long
avilissement venait de se terminer dans le
sang, et qui ne promettait à la France
qu'un avenir honteux et sinistre.

Le 9 août le duc d'Orléans a été proclamé *roi des Français*, par les chambres législatives. Il a pris le nom de Louis-
Philippe Ier.

Le conseil municipal de la ville de Paris
s'est réuni pour délibérer sur l'érection
d'un monument dédié aux mânes des héros
de nos derniers événemens. On avoit d'a-
bord pensé à employer 30,000 fr. à la
construction de trois mausolées, placés
dans trois cimetières de Paris; mais le conseil, adoptant l'avis de M. Parquin, avocat,
l'un de ses membres, a pensé que, sous le
rapport de la localité et de la beauté de
l'édifice, il était préférable d'utiliser l'espèce de temple déjà construit rue de Richelieu, en face de la Bibliothèque, et qu'un
gouvernement calomniateur avait destiné à
servir de chef d'accusation permanente

contre la population, sous le titre de monument expiatoire du duc de Berri.

Des tables funéraires en marbre noir
porteront en lettres d'or les noms des illus-
tres victimes des trois journées, et des
plantations toujours verdoyantes et bien
entretenues, dans le genre de *squares*,
entoureront ce lieu de repos !

FIN.

Imprimerie de Poussin, rue de la tabletterie, n. 9.

LE

www.ingramcontent.com/pod-product-compliance
Lightning Source LLC
Chambersburg PA
CBHW070408090426
42733CB00009B/1585